全国交通技工院校汽车运输类专业规划教材

汽车装饰与改装

(汽车装饰与美容专业用)

主编 梁 登
主审 毕胜强

人民交通出版社
China Communications Press

内 容 提 要

本书是全国交通技工院校汽车运输类专业规划教材之一,是根据《交通运输类主干专业教学标准与课程标准》中"汽车装饰与改装课程标准",以项目教学方法编写的。主要介绍了汽车外部装饰与改装、汽车内部装饰与改装、汽车精品选装、汽车发动机改装、汽车底盘改装等内容。

本书是交通技工院校、中等职业学校汽车装饰与美容专业的专业核心课程教材,也可作为汽车维修专业技术等级考核及培训用书和相关技术人员的参考用书。

图书在版编目(CIP)数据

汽车装饰与改装 / 梁登主编. — 北京:人民交通出版社,2013.8

全国交通技工院校汽车运输类专业规划教材

ISBN 978-7-114-10758-0

Ⅰ.①汽… Ⅱ.①梁… Ⅲ.①汽车—车辆保养—技工学校—教材②汽车—技术改造—技工学校—教材 Ⅳ.①U472

中国版本图书馆 CIP 数据核字(2013)第 149903 号

书　　名:	汽车装饰与改装
著 作 者:	梁　登
责任编辑:	李　斌
出版发行:	人民交通出版社
地　　址:	(100011)北京市朝阳区安定门外外馆斜街3号
网　　址:	http://www.ccpress.com.cn
销售电话:	(010)59757973
总 经 销:	人民交通出版社发行部
经　　销:	各地新华书店
印　　刷:	中国电影出版社印刷厂
开　　本:	787×1092　1/16
印　　张:	7.75
字　　数:	188 千
版　　次:	2013 年 8 月　第 1 版
印　　次:	2017 年 12 月　第 2 次印刷
书　　号:	ISBN 978-7-114-10758-0
定　　价:	32.00 元

(有印刷、装订质量问题的图书由本社负责调换)

交通职业教育教学指导委员会
汽车(技工)专业指导委员会

主 任 委 员：李福来

副主任委员：金伟强　戴　威

委　　　员：王少鹏　王作发　关菲明　孙文平
　　　　　　张吉国　李桂花　束龙友　杨　敏
　　　　　　杨建良　杨桂玲　胡大伟　雷志仁

秘　　　书：张则雷

Foreword 前言

　　教育部关于全面推进素质教育深化中等职业教育教学改革的意见中提出"中等职业教育要全面贯彻党的教育方针,转变教育思想,树立以全面素质为基础、以能力为本位的新观念,培养与社会主义现代化建设要求相适应,德智体美等全面发展,具有综合职业能力,在生产、服务、技术和管理第一线工作的高素质劳动者和中初级专门人才"。根据这一精神,交通职业教育教学指导委员会在专业调研和人才需求分析的基础上,通过与汽车运输行业一线专家共同分析论证,对汽车运输类专业所涵盖的岗位(群)进行了职业能力和工作任务分析,通过典型工作任务分析—行动领域归纳—学习领域转换等步骤和方法,形成了汽车运输类专业课程体系,于2011年3月,编辑出版了《交通运输类主干专业教学标准与课程标准》(适用于技工教育)。为更好地执行这两个标准,为全国交通运输类技工院校提供适应新的教学要求的教材,交通职业教育教学指导委员会汽车(技工)专业指导委员会于2011年5月,启动了汽车运输类主干专业系列规划教材的编写。

　　本系列教材为交通职业教育教学指导委员会汽车(技工)专业指导委员会规划教材,涵盖了汽车运输类的汽车维修、汽车钣金与涂装、汽车装饰与美容、汽车商务4个专业26门专业基础课和专业核心课程,供全国交通运输类技工院校汽车专业教学使用。

　　本系列教材体现了以职业能力为本位,以能力应用为核心,以"必需、够用"为原则;紧密联系生产、教学实际;加强教学针对性,与相应的职业资格标准相互衔接。教材内容适应汽车运输行业对技能型人才的培养要求,具有以下特点:

　　1. 教材采用项目、课题的形式编写,以汽车维修企业、汽车4S店实际工作项目为依据设计,通过项目描述、项目要求、学习内容、学习任务(情境)描述、学习目标、资料收集、实训操作、评价与反馈、学习拓展等模块,构建知识和技能模块。

　　2. 教材体现职业教育的特点,注重知识的前沿性和全面性,内容的实用性和实践性,能力形成的渐进性和系统性。

　　3. 教材反映了汽车工业的新知识、新技术、新工艺和新标准,同时注意新设备、新材料和新方法的介绍，其工艺过程尽可能与当前生产情景一致。

4. 教材体现了汽车专业中级工应知应会的知识技能要求，突出了技能训练和学习能力的培养，符合专业培养目标和职业能力的基本要求，取材合理，难易程度适中，切合中技学生的实际水平。

5. 教材文字简洁，通俗易懂，以图代文，图文并茂，形象直观，形式生动，容易培养学员的学习兴趣，有利于提高学习效果。

《汽车装饰与改装》教材根据交通职业教育教学指导委员会交通运输类主干专业教学标准与课程标准"汽车装饰与改装"课程标准进行编写。它是交通技工院校、中等职业学校汽车装饰与美容专业的专业核心课程教材。其功能在于培养汽车装饰与美容专业及相关专业的基本职业能力，达到本专业学生应具备的汽车装饰与改装知识要求。本书也可作为汽车维修专业技术等级考核及培训用书和相关技术人员的参考用书。全书分为汽车外部装饰与改装、汽车内部装饰与改装、汽车精品选装、汽车发动机改装、汽车底盘改装5个项目组成，分别介绍了汽车大包围与尾翼改装、汽车玻璃装饰、汽车内饰的改装、汽车座椅装饰与改装、汽车特殊用途座椅的选装、加装汽车防盗设备、加装汽车GPS导航装置、加装汽车氙气前照灯、汽车音响的品牌和选装方法、汽车发动机排气系统改装、汽车发动机进气系统改装、汽车发动机点火系统改装、汽车发动机燃油供给系统及ECU改装、汽车轮胎的升级、汽车制动系统改装、汽车悬架系统改装。

本书由广州交通高级技工学校梁登担任主编，由江苏省交通技师学院毕胜强担任主审。项目一由洪小弟编写，项目二由洪小弟、邓博文编写，项目三由邓博文编写，项目四由梁登、刘建辉编写，项目五由王光林编写。本书在编写过程中，得到了部分汽车修理厂和汽车4S店的支持，在此表示感谢。

由于编者经历和水平有限，教材内容难以覆盖全国各地的实际情况，希望各地教学单位在积极选用和推广本教材的同时，总结经验，及时提出修改意见和建议，以便再版时进行修订。

交通职业教育教学指导委员会
汽车（技工）专业指导委员会
2013年2月

Contents 目录

项目一　汽车外部装饰与改装 ……………………………………… 1
　　课题一　汽车大包围与尾翼改装 ……………………………… 1
　　课题二　汽车玻璃装饰 ………………………………………… 8

项目二　汽车内部装饰与改装 ……………………………………… 21
　　课题一　汽车内饰的改装 ……………………………………… 21
　　课题二　汽车座椅装饰与改装 ………………………………… 25
　　课题三　汽车特殊用途座椅的选装 …………………………… 29

项目三　汽车精品选装 ……………………………………………… 40
　　课题一　加装汽车防盗设备 …………………………………… 40
　　课题二　加装汽车 GPS 导航装置 ……………………………… 44
　　课题三　加装汽车氙气前照灯 ………………………………… 51
　　课题四　汽车音响的选装 ……………………………………… 58

项目四　汽车发动机改装 …………………………………………… 69
　　课题一　汽车发动机排气系统改装 …………………………… 70
　　课题二　汽车发动机进气系统改装 …………………………… 75
　　课题三　汽车发动机点火系统改装 …………………………… 79
　　课题四　汽车发动机燃油供给系统及 ECU 的改装 …………… 81

项目五　汽车底盘改装 ……………………………………………… 85
　　课题一　汽车轮胎的升级 ……………………………………… 85
　　课题二　汽车制动系统改装 …………………………………… 95
　　课题三　汽车悬架系统改装 …………………………………… 105

参考文献 ………………………………………………………………… 113

项目一　汽车外部装饰与改装

项目描述

随着汽车的普及,人们对汽车装饰的要求越来越高,从实用性向美观舒适性转变,促进了汽车装饰的蓬勃发展。汽车装饰是通过加装一些车身的附属设施,提高汽车外表的美观性和实用性,以达到舒适、美观和享受的目的。

汽车外部装饰,主要是对汽车顶盖、车窗、车身周围及车轮等部位进行装饰。其主要内容有车身大包围装饰、前阻风板和后翼装饰、车窗贴膜及前风窗玻璃烤膜、彩条及保护膜装饰、汽车扰流板及导流板装饰、保险杠的选择与安装等。

知识目标

1. 了解汽车外部装饰与改装的前景。
2. 了解汽车大包围的设计原则及后翼板的装饰要求。
3. 了解汽车玻璃贴膜。

技能目标

1. 学会汽车外部装饰材料的选用。
2. 学会制订汽车外部装饰改装方案。
3. 学会各种汽车外部装饰改装的技能及技巧。

素养目标

1. 培养学生对汽车外部装饰改装的兴趣。
2. 培养学生自主学习、解决问题的能力。
3. 培养学生安全意识和团队合作意识。

建议学时

18 学时。

课题一　汽车大包围与尾翼改装

想一想

你在公路上看见过哪些车有大包围,其特点是怎样的?

一、汽车大包围的改装

1. 安装大包围的作用与目的

汽车大包围就是在原有车身外部加装扰流器,所以又称空气扰流组件。主要是用于改善车身周围的气流对车身的影响,减小汽车行驶过程中产生的逆向气流,提高汽车行驶时的抓地能力,使汽车行驶时更加平稳,并降低燃油的消耗量。

其原理是在前后和两侧加装扰流板后,缩小了底盘与路面的距离,使汽车在行驶过程中加快了底盘与路面间的空气流动速度,并在底盘与路面间形成一定的真空,速度越高,真空度越大,对轮胎的正向压力也越大,与路面的附着力也越好。

目前,部分汽车美容店在改装时并没有考虑到汽车的空气动力学要求,只是从汽车的外形美观考虑,大部分车主也不会考虑到汽车空气动力方面的要求,使改装后的汽车反而更加费油了,甚至影响到汽车的操控性。

汽车大包围包括前保险杠、后保险杠下方的扰流气坝,车身两侧的导流裙脚,还有后行李舱上方的尾翼这几个部分(图1-1)。

图1-1 汽车大包围

2. 汽车大包围的设计原则

(1)安装的大包围与原车应当协调与平衡,即应当将汽车的前、后、左、右等各包围件与原车作为一个整体进行设计,造型与颜色应当与原车相协调。

(2)安装的大包围不应影响行车安全。设计中应当考虑到汽车的行车环境,在设计离地间隙时,不同的汽车,其离地间隙应略有不同,轿车的离地间隙可低一些,而越野车的离地间隙则应大一些。尽量选用不拆掉原保险杠的安装方法,以增强车辆的牢固性。

(3)设计的大包围应符合国家的相关规定和标准。

(4)设计的大包围应兼顾顾客的心理需求以及个人的审美观念。

3. 汽车大包围装饰的特点

1) 小批量多品种

车身大包围装饰的特点是小批量、多品种,每个人的审美观念都有不同,追求时尚的结果也不同。

2）制作材料多样化

大包围的制作材料主要是玻璃钢、塑料或金属,其中以玻璃钢居多,也有的采用新型碳纤维材料、铝碳合金复合材料以及采用蜂巢式铸造工艺相互配合,也有采用铝合金、不锈钢等制作。

3）目前国内流行的汽车大包围材料

(1)树脂纤维。又称玻璃钢,简称FRP(Fiber Reinforced Plastics),是最原始的汽车大包围材料。一般为全手工制作,所以与原车保险杠的吻合度也会因制作人的原因而有所区别,因材质是纤维布和树脂,所以不免会有波纹。其特点是质地较脆,容易造成局部碰坏,但修复容易。

(2)PU材料。PU是采用两种液体混合固化而浇铸出来的,所以与原车的吻合度和平面度非常好。但遇高温或存放过久容易变形(图1-2)。

(3)PP+PE材料。具有原厂包围的材质其吻合度、平面度跟PU一样,其硬度比PU要高一点,放久了会变形,但没有PU厉害。撞坏了不能修复,只能换新的。

(4)PPS材料。PPS是新型塑材,采用压铸工艺制作,其吻合度和平面度都非常好。比PU材料要硬。

(5)ABS材料。ABS是丙烯腈、丁二烯和苯乙烯的三元共聚物改良的包围材质,是以后大包围产品的主要趋势,其吻合度、平面度跟PU、PP+PE材料一样,产品的成本较低,但模具费用很高,适合于大批量生产,不适合小

图1-2 PU材料180°压拆测试

批量、单件生产,耐高温、不变形、材质较硬容易脆断,图1-3所示为PU与ABS两种材料的厚度对比。

图1-3 PU与ABS两种材料的厚度对比

现在有专门的汽车装饰件工厂生产制作大包围,可根据不同的车型制作大包围,省工、省时,成本也比自己制作要低得多,而且方便快捷。作为汽车美容装潢店,只要向生产工厂订购,通过快递一般1~2天即可到达,安装后进行底漆、面漆涂装就可以用了。汽车美容装潢店的技术人员应当熟悉大包围制作工艺的整个过程,以便在工厂无成品或安装的大包围损坏的情况下,可以自己制作和修补。

4 汽车大包围的施工

1) 汽车大包围选购

(1) 按车主的车型选择：汽车装饰件生产厂家生产的大包围总成件，是根据具体车型设计制作的。因制作的材质和工艺不同，分为标准型、豪华型。厂家在为车型配套制作时，一般有多种款型和颜色供车主选择。

(2) 选择标准：主要是达到装饰后协调、平衡、美观大方的目的。安装后的前、后包围和侧包围与车身原色调融为一体，达到赏心悦目的效果(图1-4)。

2) 汽车大包围的安装

(1) 安装工具及材料准备：常用的工具有手电钻、锤子、螺丝刀、活扳手、钳子等；准备好大包围及其附属零件(图1-5)，按照安装说明做好准备工作。

图1-4　安装好后的大包围效果　　　图1-5　成套大包围

(2) 对车身安装大包围的部位进行擦拭和清洗，去除油污和污垢，使之清洁、干燥(图1-6)。

(3) 在车身上安装大包围的相应部位贴上保护用的美纹纸，防止在安装过程中碰坏原车涂层，(图1-7)。

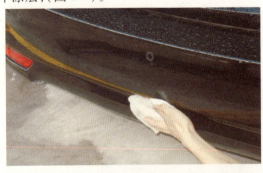 

图1-6　清洁安装大包围的部位　　　图1-7　贴保护用的美纹纸

(4) 将大包围在车身上相应位置试放一下，观察两者的贴合程度，(图1-8)。注意安装侧包围时应该把车门打开，安装后包围时注意避开排气管。

(5) 取下大包围，按照试放的效果对大包围进行修整，修掉边角毛刺，按照安装要求在车身下端钻好安装孔，并去掉孔边周围的毛刺。

(6) 对大包围进行涂装处理，将钻孔修整后的大包围进行涂装处理，并使其颜色与车身颜色相协调(图1-9)。

(7) 安装大包围,将干燥后的大包围进行安装,撕掉大包围后面的粘贴保护膜(图1-10),将大包围放置到位压牢,使大包围与原车保险杠粘贴结实,拧上固定螺钉(图1-11)。

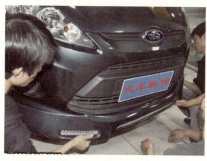

图1-8 试大包围

图1-9 大包围涂装处理

图1-10 撕掉粘贴保护膜

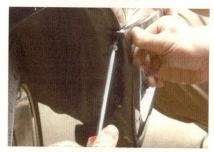

图1-11 拧上固定螺钉

5. 安装大包围时的注意事项

(1) 应选择信誉度较高的制作厂家,选择适合的颜色和款型进行安装,与原车融为一体。汽车使用过程中,刮擦、磕碰在所难免,如果大包围材质标准较低,刚性太大,偏于硬脆,擦碰时很容易碎裂,会造成车主使用成本增加,对汽车装饰美容店的信誉产生不良影响。

(2) 最好不要选用需要拆掉原车保险杠才能安装的大包围,因为普通大包围材质的抗撞击能力常常不及原车保险杠。选用将原车保险杠包裹其中的大包围可增加车辆的牢固性。如果在安装时,一定要拆卸原车保险杠,可将原车保险杠中的缓冲区设法移植到玻璃钢包围中,以起到保护作用。

(3) 车主加装大包围应选择有经验、信誉良好的装饰美容店,因为这些装饰美容店有制作各种大包围的能力,若车主不慎碰坏都会免费为车主修复。

(4) 安装后应当索要保修卡,以备万一在使用中出现问题,可以有依据向装饰美容店协调保修。

二 汽车尾翼安装

想一想

固定翼飞机是怎样升空的?

汽车尾翼又称扰流板,属于空气动力件的一部分,尾翼的主要作用是减小车辆尾部的升力,如果车尾的升力比车头的升力大,就容易导致车辆过度转向,后轮抓地力减弱,高速行驶稳定性变差。汽车尾翼工作原理与飞机机翼的工作原理是基本相同的,只不过飞机的机翼是产生向上抬升的力,而汽车尾翼则是要产生向下的压力(图1-12)。

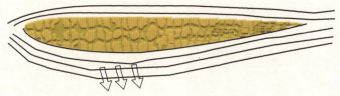

图1-12　汽车行驶时尾翼产生向下的压力

1 汽车尾翼的作用

汽车尾翼的作用在外行人看来是起美观的作用,但尾翼更大的作用是可以为高速行驶的汽车起到必要的稳定性,汽车在行驶过程中,空气对汽车的运动产生了较大的影响,车速越快,影响越大,当车速达到一定程度后,应会影响到汽车的操控性,使汽车产生发飘现象,特别是高速通过弯道或复杂的路面时,汽车尾翼可以起到一定的平衡作用。

现代轿车为了减小在行驶过程中的风阻系数,在外形上都做成接近流线形,底部较平,上部为弧型。汽车在行驶时,空气从汽车的前部流到后部的过程中,车上部的距离比车底的距离要长,空气通过车身表面的流动速度上部比车底快(图1-13)。流动的空气对车身产生一个向上的升力,当车速达到一定程度时,空气升力可以抵消部分车身重力,使汽车尾部有向上升起的趋势,产生发飘现象。

图1-13　汽车行驶时的空气动力

如赛车的前后都安装有定风翼,它们为车体提供了近60%的下压力,从而保证了汽车高速行驶时轮胎具有足够的附着力来保持车身的稳定性。

汽车尾翼除了可以提高汽车行驶的稳定性之外,对于节省燃油也有一定帮助。在一般道路上行驶,耗油量减少或许不明显,如果在高速公路上以120km/h以上的时速行驶,则此时汽车尾翼的作用就很明显了。但是一般来说,不建议小排量的汽车加装尾翼,因为尾翼主要是用来增加车身的稳定性的,针对大排量车来说很重要,但小排量的车安装夸张的尾翼反而会影响车速,增加燃油消耗量。

2 尾翼的选择与安装

1)尾翼的选择

在汽车配件市场上,同系列、同品种不同生产厂家的尾翼可供汽车装饰店和车主选择。应尽量选择同车型的规格产品,因为尾翼在设计制造时,是经过一定的研究试验而确定的,需要选择相配套的尾翼,安装也比较方便。若不是同车型的尾翼,必须仔细阅读产品说明书,检查是否可通用安装,再仔细查对外形、安装位置和安装尺寸,以防安装时装不上,另外还要检查配件质量是否合格。

按材质来分,现今市场上生产的尾翼主要有3种:一是以原厂生产的玻璃钢尾翼(图1-14),相对

图1-14　玻璃钢材料尾翼

比较贴合车身的线条;二是铝合金的尾翼(图1-15),给人感觉比较夸张,但导流效果不错,而且价格适中,不过质量要比其他材质的尾翼稍重些;三是碳纤维的尾翼(图1-16),碳纤维是最好的尾翼材质,是高刚性和高耐久性的完美结合,并广泛被赛车采用,不仅质量轻而且也是最美观的一种尾翼,但价格昂贵。

图1-15　铝合金材料尾翼

图1-16　碳纤维材料尾翼

2)轿车尾翼的安装

汽车尾翼的安装方式主要有螺栓固定式和粘贴式两种,前者可避免破坏行李舱盖且不会漏水,但如果粘结剂的强度不够会造成尾翼脱落;后者固定牢固,但因要钻孔会破坏行李舱盖的面貌,且安装不好时会发生漏水现象。

(1)螺栓固定式的安装方法:

①根据尾翼安装图,在行李舱盖上找到适合的位置,再与尾翼上的螺栓孔配合,并做好记号。

②用手电钻在行李舱盖上做记号处钻贯穿孔(图1-17)。

③在钻孔位置与尾翼接合处注上防漏胶以防漏水。

④放上尾翼,拉出高位制动灯导线,穿过行李舱盖。拧紧固定螺钉,拧紧时由行李舱内侧向外操作,螺母端必须放入防松弹簧垫片。

⑤为了减少漏水的概率,固定后还要在固定架周围注入防漏胶。

⑥接上高位制动灯电源(图1-18),踏下制动踏板,检查高位制动灯工作情况。

图1-17　在行李舱盖上做记号处钻贯穿孔

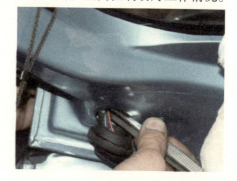

图1-18　从行李舱盖后拉出高位制动灯导线

(2)粘贴式的安装方法:

①根据尾翼安装图,将尾翼放在行李舱盖上合适的位置,在粘接位置做好记号。

②取下尾翼,在行李舱盖上的尾翼安装位置和尾翼与后行李舱盖的固定位置用P2000砂纸进行打磨,磨掉粘接处的光泽,提高附着力。

③清除打磨表面的灰尘,用除油剂擦除打磨表面的油脂。

④混合固定胶,将固定胶涂在尾翼和行李舱盖上的粘贴部位。

⑤将尾翼粘贴在行李舱盖上压牢,用胶带将尾翼固定牢。

⑥擦除行李舱盖与尾翼周边多余的固定胶。

⑦尾翼粘接牢固后,剥掉固定胶带,清洁尾翼周边的固定胶,研磨抛光后,涂上保护蜡。

⑧尾翼安装完成,如图1-19所示。

图1-19 安装尾翼后的汽车

做一做

为奥德赛(2.0L)加装大包围和后翼。

课题二 汽车玻璃装饰

想一想

车窗贴膜的作用有哪些?

一、认识车膜

高温天气下汽车贴膜是很必要的,可以防止太阳光对车和对人的直射,如图1-20所示。

1 车膜的作用

汽车玻璃透光性好,可为驾驶人提供良好开阔的视野,确保行驶安全,但汽车停车和行驶时大部分时间都在阳光下,太阳光中的有害物质也会透射进来,红外线使夏天驾驶室的温度更高,增加空调的使用频率。紫外线及其他高能射线会造成汽车的内饰褪色、老化,还会造成皮肤发黑、加速皮肤老化,严重时可引发皮肤癌和眼部疾病,如图1-21所示。

图1-20 烈日下的汽车　　　　　图1-21 车膜的透光率

采用车窗贴膜的方法,可以降低夏天驾驶室内的温度,减缓内饰的褪色、老化,减少太阳射线对人体造成的危害。

2 车膜的性能

透光率:用VLT表示,即透过玻璃的可见光通量与太阳光入射可见光通量之比,这项性能指标对汽车前风窗玻璃膜至关重要,因为它直接影响驾驶人员的视野和清晰度。《机动车运行安全技术条件》(GB 7258—2012)规定,机动车驾驶室必须保证驾驶人前方视野和侧方视野,前风窗玻璃及风窗以外玻璃用于驾驶人视区部位的可见光透射比不允许小于70%,所有车窗玻璃不允许张贴镜面反光遮阳膜。

阻隔率:用TSER表示,即玻璃能阻隔太阳能通量与入射的太阳能通量之比,波长范围为300～2500nm,它是车膜隔热性能的一个重要参数,但应注意它和红外线阻隔率的区别。红外线阻隔率是贴膜前后阻隔的红外线通量之比,波长范围为750～2500nm。在整个太阳光谱中,红外线的能量仅为53%。由于入射的红外线通量小于射入的能量,所以对于同一种产品,红外线阻隔率要高于太阳能阻隔率,高的红外线阻隔率并不一定有高的隔热率。

可见光反射率:用VLR表示,即玻璃反射的可见光通量与太阳光的入射可见光通量之比。

紫外线阻隔率:即玻璃阻隔紫外线通量与太阳光的入射紫外线通量之比。

防炫光和透光率:好的车膜能过滤部分炫光,减弱可见光的强度;使人的眼睛更舒服,有助于改善车主视野,确保驾驶安全。但车膜的透光率在70%以上,侧窗膜无需挖孔且不影响视线,夜间行车时还能把后面来车大灯照射在反光镜的强烈炫光反射减弱,使眼睛舒服。此外,在雨夜行车、倒车、掉头时也能保证视线良好。因玻璃本身的透光率只有75%～80%,若膜的透光率太低,将会使前风窗玻璃的透光率小于75%。

前风窗玻璃膜的透光率应在85%以上,优质膜可以达90%以上,减小盲区,保证驾驶人前方有良好的视线(图1-22)。

紫外线阻隔率:紫外线在太阳光中仅占3%,但会造成物品的褪色、塑料和橡胶件的老化。过量的紫外线照射还会诱发人体皮肤癌变。高品质的车膜可以阻隔98%以上的紫外线,不仅能有效防止车内的人被过量的紫外线照射灼伤皮肤,还能保护汽车内饰不会被晒坏、褪色老化,延长内饰使用寿命。

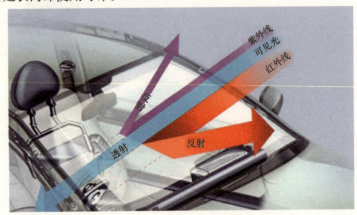

图1-22　车膜的性能指标

隔热率:就是车膜阻隔红外线的通过能力,车膜的隔热性能,取决于对红外线的反射和吸收能力。反射越强烈,吸收能力越弱,隔热率也就越高。但根据各国及各地区法律的不同。由于汽车膜本身的吸热能力也是有限的,所以,汽车膜的隔热率一般在40%~70%。

防爆与防划伤:防爆是指车窗玻璃和风窗玻璃在爆裂时能有效地防止碎片飞散,防止驾乘人员受到伤害(图1-23)。是汽车的一个重要性能指标。优质防爆膜本身有高韧性、抗冲击性能强,其上的强力胶能将破碎的玻璃紧紧粘在一起,避免事故发生时飞溅的玻璃碎片对乘客产生二次伤害。防划伤是车膜的另一个基本性能,在其保质期内正常升降车窗时,膜的表面不会被划伤,从而保证视野的清晰。

颜色与单向透视性:防爆膜通常采用本体渗染和溅射金属着色方法令膜有颜色,纯溅射金属使膜有金属色的称为自然色。但市场上的低档劣质膜,大多采用粘胶着色法,这种膜不耐晒,易褪色。所谓单向透视性是从车内往外看,应当视野清晰,而从外向内看应比较模糊。

3　车膜的种类

汽车车膜的颜色有自然色、黑色、茶色、金墨色、天蓝色、浅绿及变色等(图1-24)。

图1-23　车膜的防爆性能

图1-24　车膜的颜色

车膜按功能不同,分为染色膜、防晒膜和防爆膜;按产地不同,分为进口膜和国产膜。目前市面上常见的车膜有:

第一种是染色膜,又称黑纸,是一种普通膜,无隔热效果、不耐磨、易褪色,影响驾驶人的视线,高温下易散发有毒气味。

第二种是半反光膜,表面镀有高反射的蒸发铝,隔热率为20%～30%,缺点是易被氧化腐蚀。

第三种是混合铝型膜,即混合染色纸及反射铝,采用双层黏合,具有中等的防爆性能。

第四种是隔热防爆膜,采用镍钛、钛铬金属成分电感镀层和高压式胶膜贴合处理,具有较好的耐磨、半反光和防爆的功能。是目前汽车用车膜的主流产品。

4 汽车防爆膜的结构

防爆膜主要由透明基材、"易施工"胶磨层、感压式粘胶层、防紫外线层、隔热层、安全基层、耐磨外层等组成,如图1-25所示。

耐磨外层
该层的材料是透明的丙烯酸,非常坚韧,涂布在隔热膜外层,该层非常耐刮擦,经常清洗玻璃时不容易产生刮痕,使玻璃看上去经久如新。

安全基层
该层的材料是透明的聚氨酯,透明而且有非常强的抗冲击能力,能长期有效地保护车内乘客安全,万一在受到外来冲击力的影响下,该安全基层能起到阻挡冲击,减少外来伤害的作用,同时,该安全基层能够有效地过滤阳光和对面车辆远光中的炫光,使车主更舒适安全。

隔热层
该层的结构是将铝,银等金属分子通过溅射的方式涂布在安全基层上,这些金属层将有选择的将阳光中的红外线反射回去,从而达到隔热的效果(红外线是主要的热量来源),节约燃油。

防紫外线层
在隔热膜上涂布一层特殊涂层。该涂层能将阳光中99%的UVA和UVB(即紫外线A和紫外线B)隔断。从而达到保护汽车内饰及车内乘客免受紫外线侵害的作用。

感压式粘胶层
该层是汽车隔热防爆膜品质的重要保障,既要非常清晰,不影响驾驶人视野,又要能抵抗紫外线,不变色,同时还要有非常强的粘接力,在发生一定外来冲击的情况下,隔热防爆膜能够将破碎的玻璃黏附住,不致于伤害车内人员。

"易施工"胶磨层

透明基材

图1-25 防爆膜的结构

5 汽车防爆膜的质量鉴别

(1)染色膜与原色膜的鉴定方法。取同一待测防爆膜样品7cm×10cm两块1和2,将样品1胶层保护膜撕开后平整地贴于光滑玻璃表面,使用美工刀沿样品1一端2cm处划横向4cm刀口,沿刀口边缘撕开防爆膜表层约5cm后用美工刀左右刮防爆膜撕开面,刮擦面出现掉色情况或者刮擦面颜色与原防爆膜颜色不同的情况,即是染色膜,若刮擦面未掉色即可能是原色膜,但还应进行下面检验。将2样品胶层保护膜撕开后,使用美工刀刮擦防爆膜的胶质层,若刮下的胶有颜色且比膜色深即为染色膜,若刮后颜色未变,即为原色膜。注意:深层染色工艺生产的防爆膜无法用上述方法检验。

(2)镀膜的鉴定(磁控溅射膜、离子溅射膜和蒸发电镀膜)。取同一待测防爆膜样品7cm×10cm两块1和2,将样品1胶层保护膜撕开后平整地贴于光滑玻璃表面,使用美工刀沿样品1一端2cm处划横向4cm刀口,沿刀口边缘撕开防爆膜表层约5cm后用美工刀左右刮防爆膜撕开面,刮擦面未出现掉色情况或者刮擦面颜色与原防爆膜颜色不同的情况进行下面检验;将2样品胶层保护膜撕开后,使用美工刀刮擦防爆膜的胶质层,若刮下的颜色与未刮擦部分颜色相同,即为磁控溅射膜或离子溅射膜。刮擦面颜色与未刮擦面颜色不同即为蒸发电镀膜。

(3)清晰程度的鉴别:优质膜在夜间的视距应大于60m,而劣质膜会给人一种雾蒙蒙的感觉。

(4)手感体验鉴别:好的隔热防爆膜,用手触摸时会给人厚实平滑的感觉,有薄脆或感觉特别厚的隔热防爆膜说明质量有问题。

(5)气泡法鉴别:当撕开防爆膜的塑料内衬后,再重新复合时,优质膜会完好如初,而劣质膜会起泡。

(6)隔热性鉴别:防爆膜的隔热性是重要指标,鉴别方法是在贴了膜的玻璃外面放一只碘钨灯,对准玻璃照射,用手摸隔热膜的另一面,如果不热是优质膜。若感觉烫手,则是劣质膜(图1-26)。

图1-26 车膜隔热性能测试

(7)防爆性鉴别:将一块长宽约20cm见方的防爆膜贴在与车窗玻璃相仿厚度的钢化玻璃上,将玻璃凌空放置,防爆级别用质量为1kg的钢球从5m高度自由下落,防弹级别用质量为2kg的钢球从15m高度自由下落,若砸穿为不合格或是假冒产品。

(8)车膜的安装要求。汽车车膜应根据《中华人民共和国道路交通安全法》的有关规定正确选装。

三 汽车玻璃贴膜

1 汽车贴膜的流程

车主将车开到汽车装饰店,从选膜到贴膜,直至交车,形成一个完整的施工流程,如图1-27所示。

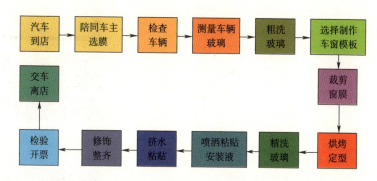

图1-27 贴膜施工流程

注意事项(图1-28):

(1)×位置为汽车前风窗玻璃,禁止粘贴有色窗膜。

(2)△位置为左右侧车窗玻璃,贴膜后透光率必须超过70%。

(3)◎位置为左右后车窗玻璃,贴膜无特殊规定。

(4)○位置为后车窗,不得有明显的着色。

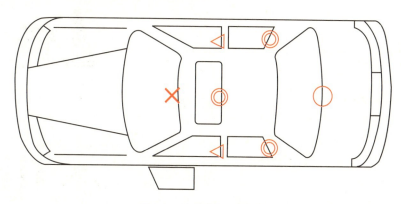

图1-28 防爆膜的正确粘贴

2 汽车贴膜用具

汽车贴膜时,需要的用具较多(表1-1),大部分是专用的,一些品牌膜的供应商也会给一些专业施工店提供成套专用工具箱,多的有30～40件,能够针对施工中遇到的各种问题,专用工具都是针对车膜和玻璃的防损而设计的。贴膜用具根据用途不同,有保护、清洗、裁剪、热定型和排水等工具。

3 汽车旧窗膜与底胶的剥离与清除

在贴过窗膜的汽车上重新贴膜时,首先必须将旧窗膜剥下。旧窗膜剥离后,必须清除残留底胶和色渍。

汽车贴膜用品表　　　　　　　　　表1-1

名称	用途	图片
保护用品		
保护膜	保护汽车内饰件,防止玻璃清洗液、安装液淋湿汽车内饰,产生难以去除的污渍、痕迹	
汽车三件套	保护汽车座椅,防止施工时弄脏汽车座椅	
纯棉毛巾	垫放工具,擦拭溢出的清洗液、安装液,防止工具划伤汽车内饰、面漆	
清洗工具		
喷壶	盛放清洗液或安装液,使用时将液体呈雾状喷出	
铲刀	清除玻璃表面的顽固污渍和残留粘贴物	
裁膜工具		
剪刀、美工刀	裁切窗膜,修饰窗膜形状	
测量尺	测量车窗大小和窗膜尺寸,方便粗裁及裁剪时取值	
窗膜裁剪台	摆放玻璃、窗膜,方便裁剪窗膜	

续上表

名　称	用　途	图　片
烤膜工具		
热风枪（烤枪）	加热窗膜，使其收缩变形，达到与玻璃一致的形状，还可以将玻璃上的粘贴物加热后取下	
塑料刮板（大号）	清洁玻璃、刮平窗膜，排除膜与玻璃之间多余的安装液；在窗膜受热收缩时用于辅助定型	
排水工具		
胶刮水铲	刮平窗膜，可在定型时使用，也可以在贴膜时排水使用	
橡胶刮板	用来排除窗膜与玻璃之间的水分，使排水彻底	
塑料刮板（小号）	在贴膜时，辅助窗膜插入密封条内，彻底排水	
贴膜辅助材料		
清洗液	用于玻璃的清洗，专用的清洗液能保证窗膜的安装质量。清洁的玻璃表面能够极大地增强安装液的润滑效果。使用时，应按规定的比例进行稀释	
安装液	便于窗膜的滑动定位，其成分类似于婴儿香波，但是不含甘油、香精、色素及其他多余的添加剂，因而不会影响安装胶的化学组成及车膜中金属层的长期稳定性，使窗膜与玻璃达到最好的粘接度。使用时，应按规定的比例进行稀释	

1）窗膜的剥离

窗膜剥离时，应注意车窗玻璃的温度，温度过低时会造成底胶大量地残留在玻璃上，所以剥离前可用热风机或烤枪对玻璃加热，等温度升高后再开始剥离（图1-29）。

剥离方法：用烤枪将玻璃加热，待温度升高后，用手指甲将玻璃边缘的窗膜逐渐掀起，一边加热，一边将膜剥离；切莫用力揭撕窗膜，否则会造成底胶大面积的残留，给以后的作业带来不必要的麻烦。所以，作业时应有耐心、慢慢剥离。

 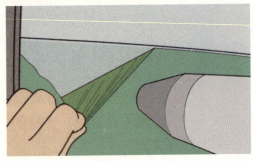

图1-29 旧窗膜的剥离

2）清除残留底胶

旧窗膜剥除后，车窗内表面看起来比较干净，但在大多数情况下都会残留下一层极薄的不易察觉的底胶，如果不及时清理，会对新贴的窗膜产生影响。

清除方法见表1-2。

表1-2 残留底胶的清除工艺流程

名称	操作步骤	图片
（1）底胶清除工具材料	底胶清除液、刮刀、刮板、擦拭纸巾、乳胶手套	
（2）喷洒清除液	在汽车玻璃下部垫好防水塑料薄膜和吸水毛巾。戴上乳胶手套，将底胶清除液直接喷洒在整个玻璃的内侧表面上，静置1~2min	
（3）溶解底胶	当清除液与底胶发生化学反应后，底胶的粘接剂成分开始溶解。不得在经过防水处理的玻璃外侧表面使用清除液，当清除液洒在汽车内饰上时，应立即擦拭干净。注意：清除液成分中含有氨，在作业中应打开车门，确保充分的通风换气	

续上表

名　称	操作步骤	图　片
（4）刮除底胶	刮除时应在玻璃还保持湿润的状态下进行，从上向下刮。可分成小面积进行清理，再将底胶集中一处，刮刀表面的底胶应及时清理擦净 注意刀片应平贴玻璃表面，不得单则用力将玻璃划伤。玻璃边缘应最后清除	
（5）保持玻璃表面的湿润	底胶清除液是挥发性极高的药液，在作业过程中玻璃表面容易变干。这时应在玻璃表面上重新喷洒清除液，保持玻璃湿润并利于刮刀移动	
（6）玻璃边缘的清理	清理玻璃边缘时，应防止将底胶刮到密封胶条的内侧，所以应注意刮刀的移动方向	
（7）清理胶条内的底胶	用塑料刮板将橡胶封条内的底胶刮除干净 注意：应一边喷洒清除液一边刮除，用清除液将底胶冲洗出来	
（8）检查清理情况	玻璃清洁完后，用擦拭纸把玻璃表面擦拭干净，检查有无遗漏的地方：在玻璃表面喷洒清水，检查有无沾水现象，若发现有不沾水的现象，则表明玻璃表面还有油脂，应进行脱脂处理	

3）窗膜的安装工艺

整个贴膜过程看起来比较简单，但对工艺水平要求很高，因为整个贴膜过程中要用到裁纸刀，工人在裁剪边缘时要非常小心，以免划伤汽车的车漆。具体的工艺流程见表1-3。

窗膜的安装工艺流程　　　　　　　　　　　　　　　表1-3

名　称	操作步骤	图　片
（1）尺寸测量	每一种车型的玻璃尺寸都有差别，在窗膜裁剪前应测量车窗玻璃的具体尺寸，或用纸板做出玻璃模型。测量时，只测出玻璃的长度和高度，做好记录。左右车窗只测一侧即可，前后车窗则应分别测量	

续上表

名　　称	操作步骤	图　片
（2）窗膜裁剪	根据车主选择的车膜型号、颜色，测量记录的车窗尺寸，分别裁剪前、后与左右车窗膜、前风窗膜、后窗膜以及天窗膜 注意：裁膜时，膜的卷曲应与玻璃的弧型一致，即膜贴在玻璃上应左右卷，而非上下卷。另外，裁切时应留有余量，窗膜应比玻璃尺寸大2cm左右	
（3）清洁贴膜车间和汽车	彻底清洗汽车，汽车进贴膜车间前，应用高压水彻底冲洗擦拭干净，确保贴膜质量 贴膜应在无尘车间进行。贴膜前应关闭门窗，用高压水雾喷淋贴膜车间，使空气中的灰尘随水雾掉落，用水冲洗地面	
（4）清洁玻璃外部	在发动机舱盖或行李舱盖上铺上毛巾，防止贴膜工具将车身面漆划花 若将工具杂乱地放在未铺毛巾的发动机舱盖上，容易将面漆刮花 将玻璃清洗液按比例稀释后，装入喷壶，将其喷在玻璃外表面上，并用橡胶刮板仔细刮洗玻璃外面，直到干净无尘 每块玻璃的外表面应该很好地清洗，使潜在的尘埃控制在最小程度，确保车膜能牢牢地粘贴在车窗玻璃上	
（5）轮廓裁切	在车窗玻璃外表面喷洒少量车膜安装液，将窗膜贴在玻璃外表面上，注意：保护膜朝外； 滑移车膜，将车膜覆盖到整个玻璃合适位置。 用美工刀沿边框四周裁剪窗膜至适宜尺寸。裁剪时切勿损坏边框	

项目一 汽车外部装饰与改装

续上表

名　　称	操 作 步 骤	图　　片
(6)热烤膜定型	用热风枪把窗膜精确地收缩定型于车窗的曲面上,消除粘贴时在玻璃曲面上出现的皱折 　　热风枪加温温度约400℃。烤膜时,注意热风枪与膜之间的距离,过近易使膜烤焦,过远则膜的温度达不到,不能使膜软化。一般距离为5～10cm 　　现代汽车烤膜技术不用水,而采用干烤法 　　干烤法是一种独创的最新烤膜方法,即无水烤膜整型法,能使整型后的窗膜更精确地符合玻璃的弧度。它是利用空气代替窗膜与玻璃之间的水液,使用滑石粉保护窗膜的防划伤层不因静电作用而吸附在玻璃上,使车膜在玻璃上能自由地滑动 　　干烤法的优点:速度快,湿烤法一般用十多分钟,而干烤法2～3min就可烤好。作业更安全、窗膜更粘牢,膜的收缩比较均匀,能烤好弧度大的区域,不易烤爆玻璃;湿烤法在后窗玻璃的电热丝处经常会出现气泡,干烤法就完全可以避免 　　将车膜铺好后,将车膜的折皱沿中心上下均等地分开,在确保车膜不移动的同时,用刮刀将膜从中间开始将水刮出,对左右两侧的折皱用刮刀使其上下分开,在刮水时必须注意不要横向将折皱刮平 　　将较大的折皱分为较小的折皱,并使折皱形成垂直状,然后使用热风枪烘烤,待折皱开始收缩变形时,可用手按抚或刮刀刮平,直至折皱完全消失 　　当车膜表面的皱纹完全消失后,在刮刀的头部衬上绒布,一边用热风枪烘烤,一边将细微的皱纹完全刮平。当窗膜完全平整后,用美工刀沿玻璃边缘准确地切割。 　　将烤好的车膜沿左右方向卷起备用	
(7)清洁玻璃内侧	在汽车内饰上铺上防水塑料薄膜,并在膜的上面铺上防水毛巾,用来吸收玻璃上流下来的水分 　　在玻璃内侧喷上窗膜清洁液,彻底清洁玻璃内侧 　　注意:刮涂时必须按顺序刮涂干净,玻璃内侧残存的灰尘会造成贴膜失败	

19

续上表

名　　称	操作步骤	图　片
(8)粘贴车膜	在干净的玻璃内侧喷上安装液；将烤好的车膜一角撕开保护膜，并在防爆膜与保护膜之间喷洒安装液，然后将保护膜全部撕开，将防爆膜贴附于玻璃内侧，移好位置，使膜在玻璃内侧准确定位	
	窗膜定位后，将剥下的保护膜附着于膜的外面，防止刮水过程中将防爆膜刮坏，立即在窗膜外表面喷洒安装液，润滑需挤水的表面。用专用的挤水工具将防爆膜与玻璃之间的气泡和安装液全部挤出，并用毛巾及时吸干，不可流入车内部电器里 驻留在窗膜内部的微量水分在几天后会慢慢地透过窗膜排除，窗膜干燥的时间依据气候、湿度、窗膜的结构和挤水后残留水分的多少而不同	
	检查防爆膜的所有边缘，并用专用工具挤封。所有边缘必须挤封，以免在固化期间空气、水分、灰粒从边部渗入窗膜底下。通常，这些挤边工具边部需要薄吸水材料包裹以吸吮挤出的水分	
	侧窗玻璃膜两侧应与玻璃平齐，下部在玻璃升至顶端时，向下伸入1～1.5cm，确保侧窗玻璃升起时，两侧与下部不漏光。车窗上部应留出5mm的空边，以防车窗在上升过程中窗膜卷边	

 做一做

为奥德赛(2.0L)的前后风窗玻璃贴膜。

项目二　汽车内部装饰与改装

 **项目描述**

随着人们生活水平的逐步提高,人们在追求豪华、亮丽的汽车外形同时,对汽车内饰的品质要求也越来越高,从实用性向实用、美观兼舒适性转变,为汽车驾乘人员营造一份温馨与舒适的空间环境,进而带动了汽车装饰与改装行业的蓬勃发展。

汽车内部装饰主要是对汽车座椅、车顶蒙皮、地毯及扶手箱等部位进行装饰,其主要内容有汽车座椅的安装与座椅套的更换、儿童座椅的选购与安装等。

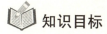 **知识目标**

1. 了解汽车内部装饰与改装的前景。
2. 了解汽车座椅套的选购及座椅的安装要求。
3. 了解汽车桶形座椅的性能与安装要求。
4. 了解汽车儿童座椅的各国法规、性能、选购与安装要求。

 **技能目标**

1. 学会汽车内部装饰材料的选用。
2. 学会制订汽车内部装饰改装方案。
3. 学会各种汽车内部装饰的技能与技巧。

 **素养目标**

1. 培养学生对汽车内部装饰改装的兴趣。
2. 培养学生自主学习、解决问题的能力。
3. 培养学生的安全意识和团队合作意识。

 **建议学时**

24 学时。

课题一　汽车内饰的改装

 想一想

同学们认为汽车内饰改装有哪几种方案?

一 汽车内饰的改装种类

汽车内饰板的改装有很多种方式,例如在仪表、扶手、中控面板等部件外,桃木或防桃木材料的改装件(图2-1),还有在车门、中控、车顶等部件上蒙一层皮革或改成碳纤维材质的改装件。桃木改装使车辆看起来更加高档大气,它独有的花纹可获得特殊的装饰效果。蒙皮式的改装则根据皮质颜色的不同使车辆更艳丽、更特别(图2-2),使用碳纤维材质的,则会更轻量化、更运动。

图 2-1　汽车桃木内饰改装

图 2-2　汽车内饰蒙皮

二 汽车内蒙皮的改装

从造型设计角度来讲,在整车设计中,内饰设计所占比率约一半以上。因为相对于外形而言,内饰设计所涉及的组成部分相对繁多。从近几年的发展趋势来看,内饰设计国际流行的趋势是越来越趋向于数字化和高科技,造型方面趋于简洁、工整,更加注重多种材质的应用、搭配。

汽车内饰改装的相关产品,近年来大受汽车行业的欢迎,很多爱车人士也乐此不疲地追求爱车的装饰,相对以此而产生的汽车内饰用品更是品类繁多。不过在改装车内饰之前,我们还是首先要了解,安装在车内饰的部件最好选用原厂标准件,原厂标准件表面经过非常严格的处理,肆意改装会导致使用不良。

下面我们将用一侧内饰蒙皮改装前后对比的实例来向同学们演示内饰改装的过程(表2-1)。

一侧内饰蒙皮改装前后对比 表2-1

改 装 前	改 装 后
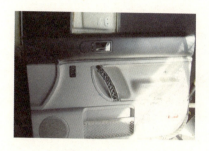 门板改装黑色蒙皮之前	 门板改装黑色蒙皮后
 天窗遮阳板改装前(面料已经老化开始有脱落迹象)	 天窗遮阳板改装为黑色丝绒面料,拉手面板喷塑
 内顶篷改装前面料老化严重,已开始脱落	 内顶篷改装后,使用黑色丝绒面料

三 汽车车内电器的加装

1 车载冰箱

车载冰箱是指可以在汽车上携带的冷藏柜(图2-3)。车载冰箱是近年来国际市场上流行的新一代冷藏器具。

车载冰箱是家用冰箱的延续,可以采用半导体电子制冷技术,也可以通过压缩机制冷;一般噪声小污染少,在行车中只需将电源插头插入点烟孔,即可给冰箱降温。

图2-3　车载冰箱

② 车载饮水机

车载饮水机运用了专利"低压直流加热"技术,为广大的驾驶人朋友提供人性化、快捷化的服务(图2-4)。现有的电加热器都用于220V交流电源,如"热得快"等,这有可能危及生命,也不可能在颠簸的开车途中使用,而车载饮水机提供了一种可以在车辆上使用的不高于36V的直流电加热器,使用,既安全又方便。

图2-4　车载饮水机

③ 车载微波炉

如今一个崭新的产品"车载微波炉"逐渐出现在我们的视线中,我们曾经尝试过用车载逆变器将家里的微波炉放在车上使用,但是无奈由于电流需求相差悬殊而失败,且看我们下面为大家展示的一款可以在汽车点烟器和汽车蓄电池上使用的微波炉(图2-5、图2-6)。

④ 小结

自驾游越来越走进我们的生活,越来越多的自驾游产品也是层出不穷,车载冰箱已经发展到可以制冰的压缩机冰箱,车载热水器、车载饮水机已经让我们逐步摆脱过去那种在地上铺块毯子吃冷餐,或者每次都点火烤肉吃到上火的自驾野餐"初级阶段",车载微波炉更是让我们汽车的功能发挥到更大。

所以现在加装什么样的车载电器也是顾客考虑的问题之一,同学们要了解这些电器的工作原理,才能更有效地给顾客推荐,为顾客的爱车安装。

Picnics/ 野餐

Camping/ 露营

Power on the go / 行车时

Fishing/ 垂钓

At work/ 工作时

Power on the go / 行车中

图 2-5　车载微波炉

图 2-6　同时拥有 220V 家用交流电、12V 蓄电池、12V 点烟器三种充电模式(由左至右)

 做一做

在车门模具上尝试蒙皮。

课题二　汽车座椅装饰与改装

 想一想

你所坐过的汽车座椅,哪些比较舒服?

汽车座椅是汽车内部占用空间最大、使用频率最高的内饰部件,对汽车座椅进行装饰,应考虑其美观的同时,还要考虑其实用性。

汽车座椅主骨架和整体形状一般是按人体外部形状原理制作,以保证驾乘人员的乘坐舒适、安全而设计的(图2-7)。

在汽车内部装饰中,汽车座椅装饰是最显眼、突出的装饰,也是内部装饰的主要部分。对汽车整体的装饰风格有着较大的影响,但不管是采用什么类型的座椅装饰都应做到舒适、美观并符合国家法规,进行汽车内部装饰时,装饰工作人员应注意以下事项:

(1)不能破坏内部的整体结构。
(2)内饰的色彩应与原车相协调。
(3)内饰的装饰不应影响乘员乘坐的舒适性。
(4)为确保汽车驾乘人员的安全,汽车内饰的材料应做到环保无污染,不应对驾乘人员造成二次伤害。

图2-7 座椅的结构

汽车座椅装饰的主要内容有:汽车坐垫装饰、更换真皮座椅、改装桶形座椅。

一 汽车坐垫装饰

1 汽车坐垫的种类及特点

竹编或草质汽车坐垫,优势是凉快;亚麻汽车坐垫,除有防水作用外,并具有耐摩擦、耐高温、散热快、韧性强、透气性能优良等特点;水牛皮汽车坐垫,具有温凉、透气、防菌等特点;冰丝汽车坐垫,(图2-8),透气性能好,自动调湿,日照升温慢;化纤坐垫透气性好、价格低、但易产生静电;毛绒坐垫,具有保温性好,透气性好等特点。

2 汽车坐垫的选用

选用汽车坐垫首先应根据当时的气候条件来选,冬季或春秋季气温较低时,宜选用柔软、保温性能较好的坐垫,如毛绒、冰丝坐垫等,夏天或春秋气温较高时,应选用竹编、草编或牛皮(图2-9)等比较凉爽、透气性好的坐垫。

图2-8 冰丝坐垫

图2-9 牛皮坐垫

3 汽车坐垫的安装

汽车坐垫安装时,应将坐垫靠背后面的布套套入整个座椅背,坐垫下面的布套围住座椅的四周,将帮带帮牢即可。

二 真皮座套的鉴别

目前汽车市场上中低档轿车大部分采用绒布座椅,没有原厂真皮座椅。而这类座椅经过较长时间的使用,会变脏、起毛,难以清洗,采用更换真皮座椅的方法,既能提高汽车的档次,也为内饰的维护提供方便。

1 真皮的鉴别

如果未加工成形的真皮,则可以通过原材料直接可见,比较好做质量鉴别:

(1)按压法鉴别:对已做好的真皮座椅,可采用此法鉴别。用手指按压座椅表面,压牢不放手,若有许多细微的皮纹向手压处延伸,表明座椅是真皮制作的。若手指按压下去以后,座椅表面没有细微的皮纹向手压处延伸,就说明表皮材料不是真皮而是人造革制作的。

(2)延展性鉴别:当车主定制的皮套做好后,可以通过制作剩余的边角料来检验,将边角料进行拉伸,如果材料的延展性能很好,还有很好的弹性,即松手后能自动缩回,即是人造革。而真皮的延展性较差,弹性也较差。

(3)味道鉴别:对真皮面料用鼻子闻,好的真皮在处理后无特别刺鼻的味道,而差的皮革或人造革面料,有较强的溶剂味或涂料味。

(4)燃烧鉴别:将剩余的边角料用火燃烧,容易烧着的一般为人造革面料,而真皮面料则不容易燃烧。

(5)证书验证:正规厂家生产的皮革,均会标明材料的来源、生产地址、联系电话、皮革的厂标、皮革的测试方法、皮革使用授权证书等一些基本资料,若无证书,则表明材料的厂家来源不正。

(6)索要三包凭证:车主更换真皮座椅后,应向安装企业索取三包凭证服务卡,这样在以后发生质量问题时,有索赔的依据。另外安装企业应给客户提供一定时间的售后维护服务。

2 优质皮的鉴别

(1)看皮质:汽车真皮面料最好使用头层皮(图2-10),因头层皮皮面光滑,皮纹比较细腻,色泽光亮,皮厚度在1.3~1.6mm,厚薄均匀,如皮纹不明显,只是异常光滑,或者皮面有暗亮不均匀的地方,则说明皮料在加工过程中进行了磨面处理或者是用二层牛皮喷上颜色后压出皮纹制成(图2-11)。

图2-10 头层牛皮

图2-11 二层牛皮

(2)用手摸:头层皮的手感滑爽并有弹性,厚薄均匀,若皮面发硬或发黏或厚薄不匀均为劣质皮。

(3)擦拭鉴别:好的真皮面料出厂前已经特殊处理,用一般的溶剂擦拭不会褪色,而差的面料,用溶剂擦拭时,就会掉色。擦拭时可用布浸点酒精或汽油在剩余的面料上擦拭,皮革掉色的即劣质面料,不掉色即优质面料。

三 真皮座椅的更换

1 真皮座椅的更换原则

在进行真皮座椅装饰前,应具体的车型具体对待,对于要更换安装真皮的汽车,车主对座椅本身都有不满意之处,真皮安装人员应根据不同的车型进行分析,选择安装方法。安装的真皮必须比原车的要漂亮、豪华,如果安装的真皮座椅效果比原来的差,那就是安装失败。所以,对于豪华车而言,其座椅的本身已经是比较豪华的,没有再装饰的必要和余地,只有当装饰旧了或坏了,方可按原样重新装饰。对于中、低档车而言,使用一段时间后,对车辆本身的座椅装饰不满意或因陈旧破损,需要重新进行装饰,以提高汽车的档次时,可选用真皮装饰座椅。

2 汽车真皮座椅适用的材料

汽车座椅的真皮面料一般以牛皮最佳(图2-12),牛皮分为黄牛皮、水牛皮和复合皮三种。但在市面上所销售的汽车座椅真皮材料当中,有不少用部分人造革或猪皮等质量较次的产品,代替了真牛皮(图2-13),甚至在部分汽车厂家销售的汽车真皮座椅中也有这样的现象存在,这些次品皮料大多集中在座椅两侧和座椅后面,与真牛皮座椅的质量、使用寿命都有很大差距。

图2-12 牛皮面料

图2-13 猪皮面料

汽车座椅用的皮料与家具所用的皮料不同,汽车真皮座椅的皮料基本为牛皮,其中黄牛皮的质量最好。此外,质量较佳的汽车真皮座椅皮料一般采用头层皮,头层皮为牛皮外层部分,透气、质感最佳,抗拉伸。市面上有不少所谓真皮座椅,其实是由复合皮制作而成,有些商家以此冒充优质的真皮来欺骗用户,这些复合皮由下脚料加工打碎后,再覆上PVC塑料膜压制而成,并附上一层胶膜,看起来表面光滑精致。

3 真皮座椅的缝制与安装

真皮座椅的缝制与安装步骤如下:

(1)拆下汽车座椅原座椅套,并将座椅套分解。

(2)将分解的原座椅套铺在真皮上,沿原座椅套边在真皮上画上线。(注意:不能将原座椅套铺在真皮上直接裁剪,否则容易造成移位)。

(3)裁剪真皮。

(4)沿画线裁剪真皮(注意:裁剪时应留有缝纫余地)。

(5)用真皮缝制线按原座椅规格将座椅套缝制完成。

(6)将座椅套安装在原座椅上。

(7)检查安装是否平整。

做一做

1. 牛皮质量鉴别。

2. 牛皮与猪皮的鉴别。

3. 根据旧布汽车座椅套,裁剪与缝制一套真皮座椅。

课题三　汽车特殊用途座椅的选装

想一想

你见过这样的汽车座椅吗?(图2-14)你了解它们的用途吗?

图2-14　特殊用途座椅

在汽车高速转向时,车辆会受到一定的横向离心力的影响,除了车辆承受离心力之外,驾驶人在驾驶室内也受到离心力的影响,而在一些舒适性的车型上,汽车生产厂家没有考虑过某些驾驶人会挑战车辆的行驶极限,所以对于座椅的配置方面也是以舒适为主,可以说只有最基本的包裹能力。

特别是一些车辆在改装之后,动力性能得到了很大的提升,在高速转向时座椅的基本包裹能力已经不能使驾驶人固定,驾驶人在高速转向时身体发生较大位移,这样大的位移会使驾驶人无法集中精力保持汽车的正确驾驶方向。对于以动力性能方面作为提升重点的车辆,安装筒座椅对保证汽车驾驶人的安全作用是非常大的,下面讲解适用于运动型汽车的桶形座椅。

一　桶形座椅的选装

桶形座椅的种类和用途也有多种,作为汽车改装人,先要了解它的分类和用途,才能很好的进行此类座椅的改装。

1 桶形座椅的认识

所谓桶形座椅其实是源自于赛车上座椅的设计而得名的,其包裹能力在于对驾驶人的腰、背、大腿以及头部进行限位,其设计意图就是让驾驶人像坐在一个桶里面一样,利用椅子的侧面包裹帮助驾驶人承受汽车高速转向时产生的离心力,而赛车上的桶形座椅设计与普通改装车辆上的桶形座椅有一定的区别。普通改装车辆上的桶形座椅与赛车上的桶形座椅最大区别有:首先是包裹能力,赛车座椅的包裹能力要优于普通座椅,使驾驶人在高速转弯时,身体包裹在座椅内不会摆动(图2-15)。

普通民用汽车包裹能力则只是针对腰部以及大腿部位的包裹能力加强,在某种程度上包裹能力其实并不全面,但作为原装轿车过分追求座椅的包裹能力反而会影响舒适性的问题(图2-16)。

图2-15 赛车用桶形座椅

图2-16 普通车用桶形座椅

其次是舒适性方面,赛车的座椅比较轻量化,而将舒适性放在其次。如果长时间驾驶汽车容易产生疲劳,但普通民用汽车座椅舒适性是十分需要的,如在一些高性能车上安装的桶形座椅,座椅的设计使用较高级的皮质包裹外皮加以舒适的海绵等制作,这样的设计舒适性较高要求将舒适性放在首位,驾驶人坐在其中比较舒适,适合长时间驾驶。

图2-17 赛车桶形座椅包裹能力

最后是安全性能方面,普通民用汽车装用桶形座椅后,使用的是原有的汽车安全带。而赛车座椅则采用与座椅一体式的安全带,所以赛车座椅能给驾驶人以更强的保护。由于赛车要在赛场上争分夺秒的比赛,每个弯道都必须让车辆的操作性能达到极限。汽车进行专业改装之后,车辆的极限已经提升到十分高的位置,高速行驶时在弯道中产生的离心力非常大,出于对车手驾驶安全的保护,座椅的设计必须针对腰、背、大腿、头部等的部位做出限位,配合上多点式的安全带,确保车手无论在多大的离心力下,身体都能牢牢地固定在座椅中,可以说是包裹能力已经发挥到了极致(图2-17)。除了包裹能力之外,赛车上必须的就是轻量化、强度高,具有一定的防撞能力。赛车座椅大都是利用碳纤维材料制作,确保座椅质量轻而且强度高,可以抵抗一定程度的碰撞,使座椅不会因碰撞出现变形。

2 桶形座椅的安装

座椅生产厂家在生产时,都是根据相应品牌、型号进行制作,购买时只要购买与所安装汽车的型号相同的座椅即可。若临时制作,则应按原座椅的安装位置制作。安装时(图2-18),拆下座椅的电气连接,并拆下原座椅的固定螺栓,将桶形座椅安装到汽车的原来座椅位置,按要求调整好座椅,检查是否灵活。

二 儿童座椅的选装

儿童安全座椅是一种系于汽车座位上,有束缚设备,仅供儿童乘坐并能在发生车祸时,束缚着婴幼儿童以保障婴幼儿童安全的座椅。

因为车辆的安全带是按照成年人的尺寸设计的,在发生事故时,可最大限度地保护成年人的安全。而当儿童乘坐车辆时,因为安全带并不能将其牢固的固定在座位上,所以在发生事故时,安全带也不能起到保护作用(图2-19),这时儿童安全座椅就显得非常必要了。

图 2-18 桶形座椅的安装

图 2-19 无儿童座椅乘车的危险性

1 儿童汽车座椅的发展历史

20世纪60年代初,为了保护儿童乘车的安全,欧洲人发明了汽车儿童安全座椅。事实证明,汽车安装儿童安全座椅能在汽车发生紧急制动或碰撞事故时最大限度上降低儿童所受到的伤害。因此儿童安全座椅很快被消费者接受,并且慢慢在全世界得到推广(图2-20)。

汽车儿童安全座椅出现在第二次世界大战之后,随着汽车技术飞速发展,汽车成为主要的交通工具。汽车的行驶速度也越来越高,随之而来的交通安全问题也日益突出。为了减少在发生交通事故时对汽车乘员的伤害,各种乘车安全保护装置相继问世。安全带、安全气囊作为汽车上最常见的保护装置,曾经挽救过无数

图 2-20 儿童座椅

人的生命。据统计，系安全带可减少46%的死亡可能和76%的重伤可能，在美国因此每年减少1万人的死亡，我国也于21世纪初通过法律规定在汽车上强制安装安全带。安全带作为最传统的安全防护设备，是为成人设计的，对于儿童并不适用。因为儿童的骨骼稚嫩，当汽车发生碰撞、速度迅速降低时身体会因巨大惯性向前猛冲，此时侧跨身体的成人安全带可能会造成儿童胸部肋骨骨折、窒息甚至颈骨折断的危险。

同样，安全气囊的设计也是基于对成人的保护，安全气囊爆开瞬间所产生的巨大冲击力会对儿童造成严重伤害。据1999年美国统计的数据显示，由于安全气囊爆开致死的150人中绝大多数是儿童。

由第一代儿童安全座椅改进而来的Volvo背向式座椅加强了背部着力面及身体周边的保护能力（图2-14）。欧美等国家对儿童安全座椅的安装要求非常严格，并且要求有专门人员辅助安装。欧美等国的家庭在出行时都会对儿童安全座椅进行严格检查，后向式儿童座椅、成人安全带、安全气囊对儿童来说都是隐秘的"杀手"。

在这种情况下儿童安全座椅产生了，最早的儿童安全座椅诞生于1963年，是由沃尔沃公司设计制作的，开发设计儿童安全座椅的灵感来自于航天器中的宇航员座椅，这种座椅可以承受太空舱升空和降落时产生的巨大力，从而使宇航员免受伤害。沃尔沃公司根据这一原理，提出了后向式儿童安全座椅的概念。

2. 欧美国家或地区汽车儿童安全座椅的发展及现状

起初的儿童安全座椅结构单一，只是通过后向乘坐对儿童进行保护，当时也出现了5点式安全带，但是却没有对儿童进行侧面保护的结构。基于对儿童乘车事故的调查数据，人们逐渐认识到侧面保护对儿童安全的重要性，开始对儿童安全座椅进行不断的改进，在儿童头部、身体两侧及小腿部位都添加了反弹护垫，背部着力面更加柔软舒适，从而可以对儿童进行全方位的保护。同时，适应不同年龄段儿童体型的安全座椅也相继出现。

儿童安全座椅首先在欧美等发达国家得到了发展，特别是20世纪80年代以来，欧美等国家相继出台相关的法规，强制儿童乘车时必须使用汽车儿童安全座椅，汽车儿童安全座椅因此得以迅速发展和普及，产品也逐步从泡沫制品向多元化新材料制品发展。

有关儿童乘车安全的法规和标准的出台，对汽车儿童安全座椅的发展产生了巨大的推动作用。目前世界上主要有以下几大标准：

欧洲ECE R44/03标准：欧洲强制性执行标准ECE R44/03于1995年9月生效其定义是：能够固定到机动车辆上，由带有卡扣的安全带组件或柔韧性部件、调节机构、附件等组成的儿童安全防护系统。

还有美国JPMA/ASTM、加拿大CMVSS 213、日本JIS等，澳大利亚、中国台湾等地也相继颁布了对应标准。其中以欧洲的要求最为严格，人们使用汽车儿童安全座椅由自发使用转向了强制使用。

欧美等国根据各国的不同情况，都制定了儿童安全座椅的检测方法。各国都对座椅的动态性能有着严格的技术要求，对于检测实验中座椅的移动量也规定得十分明晰。美国相关法规中，对座椅织物的耐磨强度、耐光强度，以及带微生物强度都提出了具体要求，与欧洲一样，进行盐雾试验，以考察抗腐蚀能力。此外，欧洲还对儿童安全座椅的能量吸收性、抗翻滚能力、耐高温性以及安全带的调节和卷收功能有严格限制。

在欧洲,汽车儿童安全座椅的普及率已非常高,就像骑摩托车需要带头盔一样自然,儿童安全座椅甚至已成为一些整车出厂的必备辅件。在中国,儿童安全座椅的普及程度还处在初级阶段,也没有强制法规的出台。

3 世界各国关于儿童乘坐汽车的法律规定

澳大利亚:在车内用手抱着儿童、婴儿是违法行为;多于一名儿童使用一条安全带属于违法;如果在一个安装了安全气袋的前座乘客座位上使用儿童安全座椅便是违法。

新西兰:5岁以下儿童必须使用合适的儿童安全座椅;在有供应的情况下,5岁至7岁儿童在车内必须使用儿童束缚设备;7岁至14岁孩童必须使用安全带,如果车辆没有安装安全带,儿童则必须坐在后座。

英国:英国在2006年9月18日通过法律;3岁以下儿童,3岁至12岁或135cm以下儿童在车内必须使用儿童安全座椅或加高座椅。

4 中国汽车儿童座椅的市场状况

在我国儿童乘车大都由父母抱着,年龄稍大一点的都是自由坐在后座上(图2-21),有的也只是使用大人的安全带给带一下。根据有关数据调查,我国儿童乘车由大人抱着坐在后排的占31.1%、而坐在儿童安全座椅上的占27.8%、独自坐在后排座椅上的为21.9%、由成人抱着坐在前排的占7.6%、独自坐在前排座椅上的占3.6%、其他乘坐的占8.0%(图2-22)。

图2-21 现在中国儿童乘车的现状

图2-22 中国儿童乘车现状统计

2009年我国汽车产销量超过1350万辆大关,取代美国首次成为全球最大的汽车消费市场。但是,随着我国私人汽车保有量的飞速增长,车内"悲剧"也正在悄悄地加速上演。人们都把目光投向了汽车自身的安全性能上,而忽略了对儿童乘车安全的关注。据有关部门统计,目前我国每年都有超过1.85万名14岁以下儿童死于交通安全事故,死亡率是欧洲的2.5倍,是美国的2.6倍,交通事故已经成为14岁以下儿童的第一死因。这个严峻的现实状况已经引起了国家有关部门的高度重视。由于婴幼儿身体比较脆弱,发生交通事故时死亡率也较高,这也是欧美各国注意对婴幼儿采取特殊保护装置的原因。使得汽车儿童安全座椅应运而生。

由于中国缺失如欧美发达国家一样的行业标准和相关的法律、法规,这也造成目前中国的汽车儿童座椅行业处于无序的管理状态,一些行业的害群之马生产的劣质产品,大量充斥着刚刚起步的中国汽车儿童座椅行业。

目前国内的儿童安全座椅市场是由国外的生产厂商和国内的生产厂商共同组成的。国内生产儿童安全座椅的知名厂商如好孩子集团等大部分厂商已经具备了儿童安全座椅的生产能力。国外的知名厂商如德国KIDDY集团等企业的儿童安全座椅也大量进入中国市场。但是,由于国内市场对儿童安全座椅的需求较小,国内企业生产的大部分产品用于外销,而且外资企业生产的儿童座椅在国内的销量也是少之又少。另一方面,国内已有部分厂家意识到了儿童安全座椅所蕴藏的巨大市场潜力,正在进行这方面的开发,但由于国内缺乏相应的法规及试验等方面的技术支持,这方面的发展受到了一定的制约。

借鉴欧美发达国家的研究成果和成熟经验,我国也首先从汽车儿童安全座椅行业入手,逐渐加大了监管力度。希望借助行业强制标准进一步规范市场,确保产品质量,让消费者购买到真正安全可靠的儿童安全座椅。而对于汽车生产商来说,从今年起,所有的新车碰撞实验都将在后排右座上增加一位3岁儿童假人,以督促全社会关注儿童乘员的安全。根据即将开始实施的C-NCAP新版评分规则,凡是在汽车第二排座椅右侧,配有符合国际标准的儿童安全座椅专用接口的汽车,可在碰撞实验中得到0.5的加分。同时这种汽车座椅上的接口能让儿童安全座椅与汽车成为一体,有效提高儿童乘员的安全系数。

5 汽车儿童座椅的品牌

汽车儿童座椅品牌简介见表2-2。

汽车儿童座椅品牌简介　　　　　　表2-2

品　牌（LOGO）	简　介
 日本康贝	日本康贝公司是以生产婴儿用品和其他健康用品而闻名的跨国企业,至今已在美国以及中国香港、台湾、上海等地设立了贸易型全资子公司,并在中国东莞、宁波建立了生产基地。公司在全国许多大中城市设有销售网点,康贝系列产品以其新颖、轻便、耐用的特性深受消费者的欢迎

续上表

品 牌（LOGO）	简 介
德国斯迪姆	德国斯迪姆是世界最早生产汽车儿童安全座椅(于1963年产出世界上第一台汽车安全座椅)的厂家,集数十年生产、使用、测试经验不断完善设计保障座椅是最安全、最可靠的。产品通过欧洲经济委员会ECE-R44/04认证,ASP侧边保护认证,以及其他几十个国家各种认证;并通过了德国技术监督局检验,德国第七电台、德国ADAC民间组织监测。给孩子更加安全的呵护
德国Roemer	辉马(Roemer)是德国最著名的儿童安全座椅生产商,在德国乃至整个欧洲是家喻户晓的顶级品牌。1973年辉马与英国百代适(Britax)完成兼并,实现了强强联手。辉马以其质量过硬著称,是欧洲最畅销的品牌之一。78%的汽车生产企业在进行欧洲的新车碰撞测试Euro NCAP时,都会选用Britax/Roemer儿童安全座椅
英国Britax	英国宝得适(Britax)集团儿童安全用品公司是设计、制造和销售汽车儿童安全座椅、手推车和旅行用品的专业公司。公司自1960年开始生产设计汽车儿童安全座椅,秉承航空工业极其严格的设计测试及生产工艺标准,企业内部产品质检超过欧盟汽车儿童安全座椅ECE R44/04标准2倍以上。每个安全座椅均在英国BSI国家标准局注册在案以跟踪其安全性能
荷兰MAXI-COSI	MAXI-COSI来自荷兰,是欧洲汽车安全座椅顶级品牌。MAXI-COSI第一个将汽车安全座椅概念从美国引入欧洲,是欧洲汽车座安全标准的倡导者和引领者。在欧洲,MAXI-COSI是"婴儿汽车安全座椅"的代名词。Maxi-Cosi的Cabriofix婴儿汽车安全座椅还可以和QUINNY婴儿车组合使用成为完美的二合一旅行系统。MAXI-COSI始终以安全可靠、设计领先、品味永恒、使用方便、经久耐用闻名
德国Cybex	西百(Cybex)来自德国,主营汽车儿童安全座椅和轻便儿童推车。秉承安全可靠,新颖创新,品质生活的理念,西百竭诚向客户提供高质量的产品。西百十分重视设计和创新,同时大力开拓国际市场,其产品在德国屡获奖项
德国CONCORD	康科德(CONCORD)公司是一家有着数十年专业生产儿童汽车安全座椅经验的企业,多年来致力于不断改善宝宝和父母们的出行生活,持续开发和生产高品质的儿童汽车安全座椅。康科德以其设计简约,个性时尚,质量上乘,服务周到等特点在欧洲树立了良好的品牌形象
好孩子	好孩子集团创立于1989年,行业先进的婴儿推车供应商、专业母婴产品分销零售平台、著名婴幼儿用品全面解决方案提供商。安全、耐用、时尚、关爱是品牌四大核心价值

6 儿童汽车座椅的选购

1) 按固定安全座椅的固定方式选购

购买儿童安全座椅前要看汽车后座是否有 ISOFIX 或 LATCH 接口，若有此两种接口，则应购买在儿童座椅上安装有 ISOFIX 或 LATCH 接头的座椅。这样 ISOFIX 或 LATCH 儿童座椅就可以轻易地固定至汽车的 ISOFIX 或 LATCH 接口中了（图 2-23 和图 2-24）。但汽车若没有 ISOFIX 接口，则在购买儿童安全座椅时，只能购买汽车安全带固定（图 2-25）。

图 2-23 ISOFIX 接口的汽车

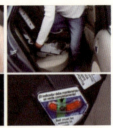

图 2-24 LATCH 接口的汽车

2) 按儿童年龄和体重选择购买

后向式儿童安全座椅：年龄在 1 岁以内，体重在 9kg 以内的儿童在选购时，建议尽可能使用后向式儿童安全座椅（图 2-26），直到您宝宝的年龄超过一岁，体重超过 9kg，并且可以无需辅助地坐立，如果可能的话还应该适当延长这种座椅的使用时间。需要指出的是：只要您孩子的体重还在后向式座椅的允许范围内，即使躺在座椅中时膝盖部位稍有弯曲也不会对座椅的乘坐效果产生大的影响。与正向式儿童座椅相比，后向式儿童座椅的设计为婴儿的头部、颈椎、胸背椎提供更好的保护。儿童座椅安装时，尽量安装在后排座椅上，除非绝对必需情况下将座椅安装在前排，因为任何安全气囊的展开都足以导致前排座椅上的儿童严重受伤。所以将儿童座椅安装在汽车后排座椅中是最佳的选择。

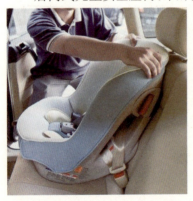

图 2-25 无 ISOFIX 和 LATCH 接口的汽车

转换式儿童安全座椅：在选购前向式儿童座椅时，应根据孩子的年龄和体重来考虑儿童座椅的选择。当儿童体重超过了后向式座椅的最大承重，或者孩子的头部超出后向式座椅上沿时，则应该采用前向式座椅。但选择时主要应根据身高、体重等来选择，而年龄则可作为参考数值。转换式儿童安全座椅（图 2-27）是为保护新生到体重为 11kg 以内的婴儿设计的。

这时唯一的一种能够根据孩子的年龄而调整位置的安全座椅，在孩子至少一岁前座椅可以朝向车的后部，之后则可以将座椅调整到向前。转换式安全座椅一般都比较重且携带不方便，但这是一种比较经济的选择，因为能够解决需要不断根据孩子年龄选购座椅的问题，在使用这种座椅的时候，一定要正确使用。

项目二 汽车内部装饰与改装

图 2-26　后向式儿童安全座椅

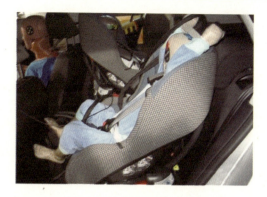

图 2-27　转换式儿童安全座椅

当儿童的体重超过 13kg,坐后向式座椅头部超过座椅上沿的儿童应当使用前向式儿童安全座椅,在购买前向式座椅的时候,应当考虑儿童长大的座椅使用,可购买两用式的,即婴儿时采用后向式安装,等婴儿成长至不能后向式乘坐时,可将座椅掉头采用前向式安装,既节约成本,又减少了选购的时间,可谓一举两得。但该阶段的儿童应使用与儿童座椅一体的五点式安全带,以确保儿童的乘坐安全。

儿童加高安全座椅(适合 20～40kg 儿童使用)如图 2-28 所示:如果你的孩子体重已经超过转换式安全座椅的承载质量的话,就可以选择使用儿童加高安全座椅,这是专为一些发育较快但还不能使用成人汽车座椅的儿童使用。加高安全座椅有很多款式,其中包括高背靠式和无背靠式的座椅。高背靠式适合车内座椅背靠较矮的汽车使用,而无背靠式则适合调节后坐垫仍能给孩子靠背的汽车使用。

图 2-28　儿童加高安全座椅

针对儿童座椅的可扩充性使用,还有单独的增高垫可以配合使用,当孩子身高和体重都比较轻时,可以使用增高垫,可增加孩子车内的视线高度,也可以起到充分固定位置的作用。(因为国际标准的汽车安全带是为身高为 1.5m 以上的人体设计的,如果身高在 1.5m 以下的乘员使用了安全带,则发生事故时,安全带容易对儿童颈部造成很大的伤害)。所以当儿童年龄在 4～6 周岁的儿童需要使用加高座椅。

7. 儿童汽车座椅的安装

国内生产的汽车品牌繁多,有欧系的、美系的、日系的,不同品牌的车系其儿童安全座椅的固定方式也不同。

1) LATCH 的接口安装

什么是 LATCH 系统？LATCH 是"Lower Anchors and Tethers for Children"的简称，中文翻译起来很生硬，称为儿童使用的下扣件和拴带，简称合在一起"LATCH"这个字也是扣拴的意思。在汽车内完整的 LATCH 系统在座位下方两侧（图 2-29），坐垫和椅背交接处有两个固定在座椅上的下扣件（Lower Anchors），后座椅背上方则有一条固定在车上的拴带（Tether），如图 2-30 所示。下扣件和拴带的接头都有标准化规格，符合 LATCH 系统的儿童安全座椅，在座椅两侧和椅背上方同样位置也有三个拴带和兼容的接头，父母只要把儿童安全座椅放在汽车座椅上，喀、喀、喀三声就稳稳地装好了，而且几乎没有装错的可能性。

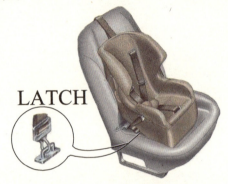 

图 2-29　LATCH 系统扣拴　　　　图 2-30　后座椅背对背上方 LATCH 儿童座椅栓扣

LATCH 系统不再需要使用汽车安全带固定，而是将儿童安全座椅与车身结构合二为一，也解决了儿童安全座椅安装困难、错误使用的问题。美国法规也规定除了 LATCH 系统外，儿童安全座椅仍应该有使用安全带固定的方式，以配合装置在还没有 LATCH 系统的汽车上。

当你在购买汽车时，而你的家中又有幼童，你所购买的汽车是美系汽车，则要查看汽车是否提供 LATCH 儿童安全座椅固定系统，或者儿童安全座椅宣称自己符合 LATCH 规格，您选购儿童安全座椅时一定要了解一个重点是，汽车和儿童安全座椅都要同时符合 LATCH 标准才行。

2) ISOFIX 接口安装

在欧系车上您会看到的是（International Standards Organization FIX）儿童安全座椅固定系统。欧系 ISOFIX 的发展比 LATCH 还早，最初的构想大概在 1990 年便开始了，ISOFIX 标准实际实施也比 LATCH 系统早两年。ISOFIX 主要目标和 LATCH 大同小异，要为固定儿童安全座椅提供一个标准、通用的方式，能避免儿童安全座椅固定上的错误，且能进一步提升儿童安全座椅保护的功能。ISOFIX 具体的构想也和 LATCH 完全相同，要求所有汽车在适当装置点提供标准规格固定式的扣件，儿童安全座椅也在对应位置有标准化扣件，与汽车轻松扣合（图 2-31）。

3) 无 LATCH 和 ISOFIX 标准接口的汽车儿童座椅安装

对于无 LATCH 和 ISOFIX 标准接口的汽车，儿童座椅在安装时只能采用汽车三角式安全带进行固定（图 2-32）。

图 2-31　采用 ISOFIX 固定方式的儿童座椅安装

图 2-32　采用三角带固定方式的儿童座椅安装

 做一做

　　检查你所安装的汽车是否有 LATCH 或 ISOFIX 接口,试着用三角带固定儿童汽车安全座椅。

　　根据车主要求,选择合适的桶形座椅并安装。

项目三　汽车精品选装

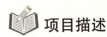 **项目描述**

汽车工业日新月异,人们在追求豪华亮丽汽车外观的同时,对汽车的个性化要求也日益提高。并且汽车维护、配件供应、美容养护和汽车改装等服务被称为"汽车后市场",而在这"后市场"中汽车精品的利润又占据了很大比重。本项目主要对汽车防盗系统、氙气前照灯、电子导航、汽车音响等设备的种类及作用进行了描述,并引用实例及操作流程图让同学们能更加系统地掌握汽车精品的选装。

 知识目标

1. 了解汽车防盗设备的种类及作用。
2. 了解汽车电子导航的种类及作用。
3. 了解汽车氙气前照灯的种类及作用。
4. 了解汽车音响的种类及作用。

 技能目标

1. 学会鉴别和选购汽车精品相关的选装配件。
2. 学会制订汽车精品的选装方案。
3. 学会汽车防盗设备、电子导航、氙气前照灯、汽车音响的选装技能及技巧。

 素养目标

1. 培养学生对汽车精品选装的兴趣。
2. 培养学生自主学习、解决问题的能力。
3. 培养学生的安全意识和团队合作意识。

 建议学时

24 学时。

课题一　加装汽车防盗设备

 想一想

车辆被盗已经屡见不鲜,而大部分盗车贼的作案工具很简单,只是带上手电、剪子、螺丝刀、车条、胶带等,仅此几件简单易带的东西。作为汽车专业的你,有能力帮车主加装防盗系统,解决这个问题吗?

一 汽车防盗设备的分类

1 机械防盗设备

机械式防盗锁主要有转向盘锁、变速杆锁、踏板锁和车轮锁等,主要是机械的锁止这些操纵件,使窃贼无法开动汽车。

1)转向盘锁

固定它的U型护甲三面包罩着相关部分的转向盘,任何方向都无法锯、剪、撬被包罩着的转向盘(图3-1)。如果无法破坏该部分转向盘,钜甲汽车防盗锁就不可能从转向盘取出,而且当钜甲汽车防盗锁锁在转向盘上时,是压在转向盘上的喇叭按盘。如果用非正常方法开锁或破坏锁,都会触动喇叭按盘从而发出声音,并且钜甲汽车防盗锁用钢罩将脆弱的锁芯包罩着,使车贼不可能用钻、撬、敲等暴力方法破坏锁芯。其还采用偏心的月牙形锁芯,较有效地防范万能钥匙和强力扭转。因此,钜甲汽车防盗锁的防盗性能极高。

2)变速杆锁

变速杆锁俗称排挡锁,是一种锁止变速杆,使其无法操作,无法行车,从而达到防盗的目的(图3-2)。

图3-1 转向盘锁示意图

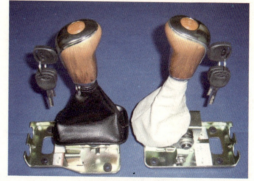

图3-2 变速杆锁

内置变速杆锁安装在变速杆手柄部位,锁定变速杆,使变速杆不能移动,即使启动发动机,汽车也无法挂挡,无法前行。

3)车轮锁

汽车车轮锁是一种通过锁止车轮使车辆无法移动的防盗设备(图3-3)。它由全钢板制作,具有防暴力、防技术开启、防拆车轮、防复制钥匙等诸多特点,能方便牢固地锁住违章车胎,从而有效地防止违章车辆逃避处罚,同时它操作轻便,一人既可独立操作,给管理部门的执法提供了极大的便利。它是交管部门和物业对于违章停车者礼貌而有效的管制措施,同时它还具有性能稳定、锁车范围广、设计安全合理、费用开支小、不需车管部门花巨资购置和使用拖车等特点,也避免了因拖车引起的不必要的纠纷。

2 电子防盗设备

随着电子技术在汽车上的应用,各种电子防盗报警器应运而生。它克服了机械锁只能防盗不能报警的缺点,主要靠锁定点火或起动来达到防盗的目的,同时具有声音报警等功能。电子防盗装置设计先进、结构复杂，包括起动控制、遥控车门和报警三部分（图3-4），主要由防盗控制单元识读线圈、警告灯、汽车钥匙等元件组成。点火钥匙和信号发生器制成一体，当钥匙处于接通位置时，防起动装置向钥匙接收器发出电信号，信号接收器随即通过防起动装置向控制单元发送密码信号以供识读。车门控制和报警系统制成一体，报警系统在关闭点火开关、拔下钥匙并锁定车门和行李舱等后自动进入警戒状态，若车门或发动机舱盖被强行打开，报警系统将自动报警。

吸盘式车轮锁　　虎钳式车轮锁　　三爪式车轮锁

图3-3　车轮锁

汽车电子防盗器一般都具有遥控功能，安装隐蔽，操作简便。缺点是容易误报，不能从根本上解决车辆丢失问题。随着科技的发展，汽车电子防盗器增加了许多方便和实用的附加功能。现在市场上出现了具有双向功能的电子防盗器，它不仅能由车主遥控车辆，车辆还能将自身状态传送给车主。

3 芯片式防盗设备

目前，在汽车防盗领域位居重点的当属芯片式数码防盗器（图3-5）。它通过锁住汽车起动机、电路和油路达到防盗目的，若没有芯片钥匙便无法起动车辆。数字化的密码重码率极低，而且要用密码钥匙接触车上的密码锁才能开锁，杜绝了被扫描的可能。由于特点突出且使用方便，大多数轿车均采用它作为原配防盗器。目前进口的很多高档车及国产大众、广州本田等车型已装用芯片防盗系统。芯片式防盗已发展到第四代，除了比电子防盗系统更有效的防盗作用外，它还具有特殊诊断功能。

图3-4　电子防盗装置构成　　　　图3-5　第四代指纹防盗

如独特的射频识别技术可保证系统在任何情况下都能正确识别驾驶人，当驾驶人接近或远离车辆时可自动识别其身份，打开或关闭车锁。

4 网络式防盗设备

网络式防盗系统通过网络实现车门的开关和车辆的起动、截停、定位，及根据车主要求提供远程车况报告等功能（图3-6）。目前主要使用的网络有GPS（卫星定位系统）。

GPS 主要靠锁定点火或启动发动机达到防盗的目的。采用 GPS 技术的汽车反劫防盗系统由安装在指挥中心的中央控制系统、安装在车辆上的移动 GPS 终端及 GSM 通信网络组成,接受全球定位卫星发出的定位信息,计算移动目标的经纬度、速度和方向,并利用 GSM 网络的短信息平台作为通信媒介实现定位信息的传输,具有传统 GPS 通信方式无法比拟的优势。

一旦汽车被盗或出现异常,指挥中心可立即通过 GPS 接收终端设备信号,确定汽车实时地理位置和多方面信息,配合各方面力量及网络优势追回汽车,同时能熄灭发动机,使汽车不能行驶。

网络式防盗突破了距离的限制,覆盖范围广,可用于被盗汽车的追踪侦查,可全天候应用,破案速度快,监测定位精度高。GPS 防盗技术可以说是一场技术革命,它一改传统防盗器的被动、孤立无助的被动式服务,能为车主提供全方位的主动式服务,是目前其他类型汽车防盗系统所不能比拟的,但由于 GPS 防盗技术存在信号盲区、报警迟缓,其防盗性能无法有效保障车辆。

图 3-6　GPS 防盗设备装置构成

二　安装汽车防盗器

1　防盗器安装前检查原车电路

(1)中控锁电路:用原车钥匙(或中控锁开关)开启/关闭左前车门,观察所有车门是否在同一时间内开启/关闭,目的是防止原车各门锁电路或机械结构出现故障。

(2)车门开关:分别打开各车门,检查所有车门检测开关是否接触正常,观察分别打开车门时,车顶灯是否正常亮。目前大多车型顶灯带有延时熄灭功能,检查时须等顶灯熄灭后,再依次打开其他车门,检查门开关是否损坏、漏电、接触不良等现象,防止装防盗器后出现误报警。

(3)启动电路:用车钥匙旋转到 ON 位置,观察仪表板内各指示灯亮情况(如气囊、ABS、充电、发动机故障灯等)然后正常起动车辆,再观察各指示灯熄灭情况有无异常,避免车辆装防盗后出现异常时与车主发生纠纷。

(4)转向灯电路:钥匙转 ON 位置,分别打开左右转向灯开关,观察左右闪光灯频率(速度)是否一样(打开紧急双闪灯开关也可对转向灯电路进行检查)。

2　安装中配线注意事项

(1)找出适合安装主机的位置(空调冷气出风口除外),仔细观察装饰板的结构状况,因对接配线须拆装装饰板的结构。有条件时带上工作手套,防止弄脏车内装饰。

(2)中控锁线路部分连接,因车型不同,触发方式差别较大。如通用、丰田、三菱等系列车型,中控锁控制部分,主要采用负触发方式,上海大众车采用双电位负触发,一汽大众采用单线触发方式。但在与防盗器中控锁配线连接中,先确认原车中控触发方式,最好采用和原车信号对接;尽量少采用正电回路接法。

(3)门开关检测线连接时一定要接顶灯控制总线(四门总线)不要接在左前门开关线上,因为主门开关线和其他门开关线,加有二极管分离开的,相互不连通,避免装防盗后在设定警戒时,出现开后门不报警现象。

(4)断电器的连接中一定要先确认好点火线、燃油泵控制线、启动线后再选择断开哪一路,(断启动线时没有防抢功能);防盗主机输入 ON 线要对接在断开电路上端。

(5)电源负极线最好与原车搭铁连接,电源正极线,应在其他配线连接好时,最后连接,所有配线一定要用绝缘胶布包扎牢固。主机天线位置与遥控距离有很大关系,一定要严格按说明书上要求进行安装,否则会影响遥控和接收距离。报警喇叭安装时要远离发动机排气管高温处,以免高温损坏。

3 安装完成的功能测试

(1)防盗器主机所有配线连接完成后,要先进行调试后再装上装饰板。检查各配线插头是否与主机插座接触紧固,有无松动现象。将车钥匙旋到 ON 位置,踏制动踏板时,中控锁应自动上锁,车钥匙关闭 OFF 时,中控锁会开启,然后分别依次打开各车门时,转向灯应会双闪(部分型号防盗器钥匙在 ON 位置时打开车门转向灯才会双闪)。

(2)关好所有车门用遥控器设定防盗 10s 后,振动车辆防盗器应立刻发出报警声音,振动感应器的灵敏度大小,可根据安装车型大小应做适量调整。感应器在安装时,应粘贴在车体金属结构部位,否则会影响振动感应器性能。

(3)全部功能测试完成后,应向车主讲解简单的常用功能操作方法,包括遥控和接收的大约距离,遥控器的电池使用时间,紧急解除开关的功能使用,最后告诉用户安装点电话和厂家服务电话,以便为用户更好服务。

做一做

在广州本田奥德赛车上加装转向盘锁并试用。

课题二 加装汽车 GPS 导航装置

想一想

汽车 GPS 是什么东西呢?有什么好处,会有那么多人加装 GPS?你有加装 GPS 的本事吗?

一 汽车 GPS 导航装置的认识

1 什么是 GPS

GPS 即全球定位系统(Global Positioning System),简单地说,这是一个由覆盖全球的 24 颗卫星组成的卫星系统(图3-7)。这个系统可以保证在任意时刻,地球上任意一点都可以同时观测到 4 颗卫星,以保证卫星可以采集到该观测点的经纬度和高度,以便实现导航、定位、授时等功能。这项技术可以用来引导飞机、船舶、车辆以及个人,安全、准确地沿着选定的路线,准时到达目的地。

全球定位系统(GPS)是20世纪70年代由美国陆海空三军联合研制的新一代空间卫星导航定位系统。其主要目的是为陆、海、空三大领域提供实时、全天候和全球性的导航服务,并用于情报收集、核爆监测和应急通信等一些军事目的,是美国独霸全球战略的重要组成。经过20余年的研究实验,耗资300亿美元,到1994年3月,全球覆盖率高达98%的24颗GPS卫星星座已布设完成(图7-2)。时至今日,已有29颗卫星,距离地面20200km,29颗卫星中依旧是24颗运行,5颗备用,这些卫星已经更新了三代五种型号。

GPS全球卫星定位系统由三部分组成:空间部分——GPS卫星;地面控制部分——地面监控系统;用户设备部分——GPS信号接收机(就是大家常用的车载GPS)。

GPS全球定位系统的主要用途:

(1)陆地应用,主要包括车辆导航、应急反应、大气物理观测、地球物理资源勘探、工程测量、变形监测、地壳运动监测、市政规划控制等。

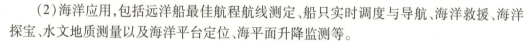

图3-7 空间卫星示意图

(2)海洋应用,包括远洋船最佳航程航线测定、船只实时调度与导航、海洋救援、海洋探宝、水文地质测量以及海洋平台定位、海平面升降监测等。

(3)航空航天应用,包括飞机导航、航空遥感姿态控制、低轨卫星定轨、导弹制导、航空救援和载人航天器防护探测等。

2 GPS全球定位系统的主要特点

(1)全球、全天候工作。

(2)定位精度高。单级定位精度优于10m,采用差分定位,精度可达厘米级和毫米级。

(3)观测时间短。随着GPS系统的不断完善,软件的不断更新,目前,20km以内相对静态定位,仅需15~20min;快速静态相对定位测量时,当每个流动站与基准站相距在15km以内时,流动站观测时间只需1~2min,然后可随时定位,每站观测只需几秒。

(4)功能多、应用广、操作简便:现代导航在过去导航基本功能的基础上又新增了很多附带功能:如可视倒车影像(图3-8)、数字电视CMMB、蓝牙、游戏音乐等。

图3-8 可视倒车影像

3 GPS技术加快车载导航装置的发展

车载导航技术是现代多学科的高新技术结晶,它综合了导航卫星及目标定位技术、陀螺等传感技术、GIS数字电子地图技术、城市智能化交通管理技术、GSM动态导航通信业等高新技术的成果。其中GPS(Global Positioning System)全球卫星定位系统技术因其实用、价廉,并可在全球范围内确定位置、速度和时间。

除目前正在使用的 29 颗人造卫星外,俄罗斯也积极开发和部署"Glonass 全球卫星导航定位"系统;欧盟于 2002 年 3 月正式启动"Calileo 计划",到 2008 年将发射部署 30 颗卫星;日本将实施"准天顶卫星系统";连发展中国家的印度也有导航卫星的规划。这些新的卫星定位系统都将大大向前推进原美国的 GPS 技术水平,精度可控制在 1m 的误差范围内。

4 车载导航产业的发展

全球第一台车载导航装置最早出现于 1987 年的丰田皇冠轿车上,限于当时的技术水平,这个尝试性的车载导航装置只能使用安装在车上的行驶转向和车速传感信号,即为完全的自主导航。1990 年出现了有实用价值的车载导航装置,首次使用了 GPS 卫星定位信号,并与地图匹配能计算出车辆的行驶路径。1994 年又问世了具有道路交叉路口语音提示功能的导航装置。

2002 年中国车市的耀目亮点之一是在国产"威驰"GLX-i 和 GLX-s 轿车上成功地安装使用语音的电子导航装置,这揭开了汽车导航装置在中国实际应用的序幕。选择在经济型轿车上装用这个问世只有十几年的世界最前沿的高新产品,其含义不仅仅是增加"威驰"轿车的销路,而且是标志着中国在实施智能交通上又迈出了实质性的坚实一步。

2007 年国内专车专用汽车 DVD 导航更是大放异彩的一年,而在这一块细分市场中,处处充满了机会,竞争却又是空前激烈。对于一些中国驰名品牌更是不例外,都想赢得这一市场,抢占先机。

时至今日,导航的种类已经琳琅满目,价格方面也越来越有性价比,让人在选择的时候都会挑的眼花缭乱。车载导航、手机导航、便携导航等都出现在我们的生活中,不仅应用在行车中,对于生活在路况十分复杂的大都市的人们,即便有时候步行去一个地方也会开启步行导航了。

5 汽车导航的核心功能

1)地图查询

可以在操作终端上搜索你要去的目的地位置。

可以记录你常要去的地方的位置信息,并保留下来,也可以和其他人共享这些位置信息。

模糊的查询你附近或某个位置附近的如加油站、宾馆、取款机等信息。

2)路线规划

GPS 导航系统会根据你设定的起始点和目的地,自动规划一条线路。

规划线路可以设定是否要经过某些途径点。

规划线路可以设定是否避开高速等功能(图 3-9)。

3)自动导航

语音导航:用语音提前向驾驶人提供路口转向、导航系统状况等行车信息,就像一个懂路的向导告诉你如何驾车去目的地一样,是导航中最重要的一个功能(图 3-10),使你无需观看操作终端,通过语音提示就可以安全到达目的地。

画面导航:在操作终端上,会显示地图,以及汽车现在的位置、行车速度、目的地的距离、规划的路线提示、路口转向提示等行车信息。

重新规划线路:当你没有按规划的线路行驶,或者走错路口时候,GPS 导航系统会根据你现在的位置，为你重新规划一条新的到达目的地的线路。

图3-9 导航界面示意图

综上所述，GPS导航仪硬件包括芯片、天线、处理器、内存、屏幕、按键、扬声器等组成部分。但就目前情况来看，市场中的GPS汽车导航仪在硬件上的差距并不大，主要区别还是集中在内置的软件和地图上。在这里需要提醒大家注意一点，人们习惯上总是关心导航仪内预装何种地图，实际上这是混淆了地图和软件两者的区别。所谓地图其实只是数据，而软件是搜索引擎。地图中各种地理信息综合在一起的庞大数据如何被用户所应用？如何才能反映到导航界面中？这就要借助于软件来实现了。因此导航地图离不开软件的支持。

图3-10 三维城市导航系统

判断GPS导航仪的优劣，导航仪所能接收到的GPS卫星数量和路径规划能力是关键。导航仪所能接收到的有效卫星数量越多，说明它当前的信号越强，导航工作的状态也就越稳定。如果一台导航仪经常搜索不到卫星或者在导航过程中频繁地中断信号影响了正常的导航工作，那它首先质量就不过关，更谈不上优劣了。

6 GPS导航的种类

1) 车载DVD导航仪

安装在汽车中控台，一般是汽车出厂自带，不过由于价格问题，现在越来越多人选择自行购买安装此类导航仪。由于是内嵌式的，并且专车专用，所以对汽车内部装饰的一体

性很好,缺点就是安装不方便,不具便携性以及价格偏高。(课题二中我们介绍的就是这种车载DVD导航一体机)

2)便携式导航仪(PND)

便携式导航仪弥补了车载DVD导航仪的缺点,外观和普通MP4完全没有区别,配置摆放灵活性大大提高。一般是靠一个支架吸盘吸附在前风窗玻璃上(图3-11),地图升级,信息更新等十分方便。一般都有内置电池,不过因为GPS模块十分耗电,成本控制,加上也没有长时间电池续航的需要等因素,便携式导航仪一般都不具备很长时间的电池续航能力,一般在2h以内,一般依靠汽车点烟器供电。

图3-11　便携式导航仪(PND)

3)其他导航

我们现代社会,很多手机也拥有了导航的功能,不过手机毕竟不是专业的导航工具,而且比较费流量,必要时可以偶尔使用。

7 GPS导航的品牌

其实大部分车辆安装的车载DVD导航仪都会选择装原厂的,毕竟这样可以得到更好的售后服务以及不大改原车线路。但原厂导航往往都比较贵,价格从几千元到上万元不等。于是就出现了很多副厂的品牌,诸如我们经常听到的,甚至在淘宝上可以找到的"路畅""e路航"等。在选择副厂导航的时候我们要注意它的保修、质量等问题。如果选择的是副厂DVD导航一体机的话还要注意是否与原车匹配等问题(图3-12)。

图3-12　副厂DVD导航一体机

项目三 汽车精品选装

二 GPS 车载导航装置的安装

安装车载导航时是不是要大动干戈呢？这里我们直接给同学介绍一款 10 万元左右车辆的导航安装流程(以雪佛兰科鲁兹手动挡为例)。

首先要换上车载导航一体机,必须要给它选定安装位置,大部分的车都是拆掉收音机、CD 机那个位置(图 3-13、图 3-14),以留出空间安装原车导航。

图 3-13 拆中控台面板

图 3-14 取出收音机、CD 机

拆的很凌乱,但这都是为了更好地安装车载导航,更好地为以后的行车服务,最后安装一体机,装上控制面板(图 3-15、图 3-16)。

车内中控安装好后,还是很美观的,而且车载导航一体机还附带很多其他功能,诸如卫星电视、FM 收音机、倒车影像等。

既然能倒车可视,那必然在车尾要有一个摄像头,下面我们就进入加装摄像头的环节。加装后摄像头,一般都是安装在牌照灯位置。摄像头分为有线和无线两种,无线的优点很明显:安装方便,拆卸方便、但价格略贵;有线的能保证信号的稳定性,如何取舍还看车主,这里我们以有线的为例。

图3-15　安装车载导航一体机

图3-16　装中控台面板

有线的走线时还是比较麻烦的,要从尾箱经过后门进入中控,一般线路都隐藏在车门的胶条里,这样比较美观也比较安全(图3-17)。

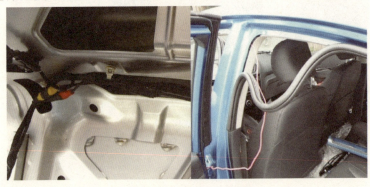

图3-17　加装摄像头走线形式

连接完线路以后,车载导航一体机就具有了倒车可视的功能了(图3-18),一般在车尾摄像头旁会安装一盏照明用LED灯泡,方便夜间倒车可视。

 做一做

在广州本田奥德赛车上加装卡仕达专用DVD导航。

图 3-18　倒车可视效果图

课题三　加装汽车氙气前照灯

想一想

我们前面已经提到了氙气前照灯的优点,那它有什么缺点呢?你能加装氙气前照灯吗?

一　认识汽车氙气前照灯

1 汽车氙气前照灯的发光原理

首先我们说明一下普通卤素灯泡的发光原理。卤素灯的发光原理:通电—钨丝产生电阻—钨丝开始发热—钨丝开始变红—发光。在这个转变的过程中发出来的光线很低,并且易断丝,特别是在崎岖不平的山路或者在飞驰的高速路上,钨丝很容易烧断,这个时候是最需要灯光的时候,突然的熄灭会给驾驶人带来不可想象的后果。

卤素灯与普通灯泡一样有灯丝,而氙气灯则是没有灯丝,这是氙气灯与传统灯具最重要的区别。氙气灯是利用两电极之间放电器产生的电弧来发光的,如同电弧焊中产生电弧的亮光。高压脉冲电加在完全密闭的微型石英灯泡(管)内的金属电极之间,激励灯泡内的物质(氙气、少量的汞蒸气、金属卤化物)在电弧中电离产生光亮。这种光亮的色温与太阳光相似,但含较多的绿色与蓝色成分,因此呈现蓝白色光。这种蓝白色光大幅提高了道路标志和指示牌的亮度。氙气灯发射的光通量是卤素灯的 2 倍以上,同时电能转化为光能的效率也比卤素灯提高 70% 以上(图 3-19),所以氙气灯具有比较高的能量密度和光照强度,而运行电流仅为卤素灯的一半。

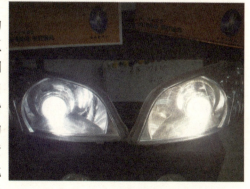

图 3-19　氙气灯对比(左氙气　右卤素)

2 氙气灯优缺点

1）氙气灯材料的区别

卤素灯用普通的玻璃制造，在玻璃壳上无论是碰到油渍还是水迹灯泡都会因受热不均而爆裂，特别是在华北、华东、西南等地区温差很大，灯杯内很容易产生水滴。灯泡在预热后，水滴很容易溅在灯泡上面，这时灯泡很容易炸裂，而氙气灯的灯管是用石英玻璃制成，热胀冷缩很小，灯管不会爆裂。

2）氙气灯高电压保护

当汽车发电机调节器损坏或在高速行驶时，电压会升高，如果此时车主装的是卤素灯泡，则有可能把卤素灯泡烧掉，很危险。如果车主采用的是氙气灯，由于氙气灯的整流器已由电脑芯片控制，不管电压怎么波动，能做到恒功率。超过19V以上会自动保护。

3）氙气灯低电压保护

当汽车的发电机损坏时，原车上的电压会越来越低，在这种情况下，卤素灯泡会越来越暗，原本想跑快点的车主，这个时候不得不放慢速度了，给车主造成视线不良。而氙气灯在这种情况下，有低电压保护，整流器可以根据电压的变化，适时地做出调整。氙气灯在原车电压小于9V的情况下，仍能使氙气灯保持相同的亮度，电压小于7V时整流器自动切断电源保护。

4）氙气灯断路保护

汽车在路上行驶的时候避免不了的是事故。根据权威机构透露，汽车着火有62%的是由前照灯引起。汽车在发生撞击的情况下，首先被破坏的是保险杠和前照灯，而灯泡是最容易破裂的，灯泡内的钨丝会燃烧，从而造成线路短路，引起钨丝自燃。一般情况下钨丝会燃烧31s左右，这足以引燃整个车辆，从而造成重大损失。氙气灯由于灯泡独特的原理不存在灯丝，就不会出现短路现象。氙气灯部件里的整流器同时具有断路保护程序，可以在1s之内，自动切断电源，从而有效地保证了车身的安全。

5）氙气灯短路保护

前面我们说到卤素灯丝正负极搭在一起，就会引发整个线路起火。而氙气灯正负极搭在一起的时候，氙气灯的芯片会在1s自动切断电源。

6）氙气灯照射距离

根据飞利浦的测试，氙气车灯的照射距离为165m，可视距离为105m。卤素灯的可视距离只有65m，两者可视距离的差值为40m。40m的距离足可以使汽车停下来，有效地保障了行车的安全。

7）氙气灯照射的宽度

氙气车灯比卤素灯视宽度大25m。车主在同等条件下，可以更清楚地看到车身两边的物体，特别是在国道和市区为驾车提高了安全系数。

8）氙气灯专用线组让汽车线路更安全

传统灯供电系统至少承受5A以上电流。氙气灯采用专用线组，原供电系统最大的电流只有0.2A，这有利于保护电路，减少供电系统老化。

9）氙气灯的色温高

照射在路面上的反光更刺激神经让人精神兴奋，不易疲劳（图3-20）。

说了这么多氙气前照灯的优点，难道它就没有丝毫缺点么？当然也是有的，我相信车主们一定都深有体会,同学们在晚上出行的时候肯定也遇到过。那就是:①亮度过高,很容易闪到对面的驾驶人,使对面的驾驶人视线一片惨白,存在一定的安全隐患。②在雨、雪、雾天气里,氙气前照灯的穿透力不及卤素前照灯。

图 3-20　氙气前照灯的反光效果

3 氙气前照灯的品牌

氙气前照灯的品牌现在也琳琅满目,国外的飞利浦(图 3-21)和欧司朗(图 3-22)是最出名的,但是同时国内高仿假冒的也多。国内的品牌就数金华达和雪莱特(图 3-23)了。

图 3-21　PHILIPS 商标

图 3-22　欧司朗商标　　　　　　　　图 3-23　雪莱特商标

目前市场上销售的氙气前照灯种类很多,价格从几百元到几千元不等。对一般车主而言,物尽其用是首要原则。要想在琳琅满目的产品中挑选一款满意的,需综合考虑价格、品牌、经销商等因素。

二 氙气前照灯的安装

1 氙气前照灯安装步骤(表 3-1)

氙气前照灯安装步骤　　　　　　　　　　　　　　表 3-1

(1)关闭点火开关,等汽车发动机冷却后,打开发动机舱盖,待灯泡冷却后取下原车灯泡的电源插座	 取下原车灯泡的电源插座

(2)松开灯泡的固定夹,取下卤素灯泡,小心将同一型号的HID灯泡换入,将灯泡的夹具固定好,切勿用手触摸HID灯泡玻璃体,如有油污必须用抹布擦干净,并将HID灯泡的高压线伸出前照灯总成外。建议将车灯线电路的熔断丝换成HID专用熔断丝	 取下卤素灯泡
(3)HID灯泡安装前,先查看灯泡是不是碰到灯内罩,或放入口过小,并加以整修之后再安装。安装过程中要谨慎地将灯泡放入灯壳内,切不可以硬来。并固定好且将防水圈放回原地。紧接着装好车灯并连接好灯泡与安定器之间的接线,最后固定HID灯的安定器于前照灯总成附近便于接线的位置(使用3M双层胶时要小心,其粘贴性非常强),每个安定器至少需要两个螺钉固定 安装安定器注意位置勿贴近下列位置,以免发生安定器过热造成HID灯熄灭: ①火星塞和火星塞线路; ②电子化油器线路; ③散热器及发动机温度较高处; ④选择通风及散热较佳位置; ⑤避免有积水、漏水之位置	 安装HID灯泡
(4)接线时先接高压线,将高压线的阴阳头插入到AMP专用接头的锁定位置,以防止高压接头进水。然后接低压线(直流12V),红线接前照灯电源插座正极,黑线(蓝线)接前照灯电源插座负极,然后用不少于四层的耐热胶布分别包好接头,并用尼龙扎丝(HID灯盒内配有6根)将线固定,避免和周围的金属摩擦	
(5)全部安装后,清理安装现场,开电源,试灯,关闭电源,理顺导线,并重复检查一次,再开车前照灯,通过开灯实验检查灯光的高度,调整到灯光合适位置	

2 安装时的注意事项

(1)HID灯组件的安装,建议由专业汽车电工实施。

(2)安装HID灯组件时,注意不要用手接触HID灯泡的石英玻璃管,手上的污迹会使高温工作的HID灯泡留下痕迹,影响灯体寿命。

(3)安定器及灯泡的高压线安装时应注意清洁,不清洁的高压接头会漏电而产生起动困难的故障;且高压线安装后,必须用尼龙扎丝将其固定,避免和周围的金属摩擦。

(4)建议选用HID灯具时,色温不超过6000K(我国规定不能超过5000K),6000K色温以上光线偏蓝炫目,影响对方车辆视线,而且透雾性能差。

(5)HID灯适合用于近光灯,不宜装在远光灯上,因为HID灯的照度是普通卤素灯的3倍,装在远光灯上,其强光会影响对方车辆的视线,从而造成行车不安全。

三 加装透镜

透镜就是凸透镜,是安装在前照灯光源前用于聚光的。透镜在许多车型的前照灯上都能见到,从高档的雷克萨斯、奥迪、奔驰,以致桑塔纳3000、吉利,根据使用的光源型号不一样分为氙气灯透镜和普通卤素灯透镜,雷克萨斯460、宝马7、A6L等高档车原车使用的就是氙气灯透镜,而桑塔纳3000、吉利都是卤素灯透镜,卤素灯透镜和氙气灯透镜由于焦点不一致不能简单混用。不装透镜的氙气灯,有时候在照得对面驾驶人看不见路的情况下,其实也照得他自己什么也看不清,显然这种改装是严重的安全隐患。

1 认识透镜

在汽车车灯中,透镜灯头的光形是最标准的,可以有很明显的明暗切割线,解决了散光的问题,在国外,氙气灯是标配透镜使用的,这种镜属于光学镜一类,我们就叫它"透镜"。采用透镜式灯头的前照灯相比采用传统灯头的前照灯具有亮度均匀、穿透力强、光线散失小等优点(图3-24 图3-25)。

图3-24　近光灯效果　　　　　　　　图3-25　远光灯效果

车辆装备的透镜灯头分两种:单光和双光(图3-26、图3-27)。单光透镜里面又分别设计有对应近光和远光的透镜,如:M6的近光透镜,蒙迪欧远光透镜;双光透镜的不同之处就是它能作类似远光、近光转换的变换,平时是近光状态,当同时开启远光的时候,它通过电磁机构操作变光挡片,使近光的灯光也分配到远光照射上去,等于有两个远光一起亮。双光透镜一般应用在中高档车上,如A6、宝马、奔驰等。

图3-26　单光透镜

2 什么是天使眼

天使眼其实就是一个光圈(图3-28),没有实际功能,主要起装饰美观和示宽作用,颜色有红、蓝、绿、黄、紫不等(图3-29),天使眼分为两种:

(1)阴极管的材质为玻璃,需要启动器,亮度非常高。

(2)LED的材质为导光塑料(类似宝马天使眼),一般改装都用LED结构,所以称为天使眼LED光圈,但有时候有人把前照灯总成带天使眼的简单称呼为天使眼,或者天使眼前照灯、天使眼前照灯总成,其实是混淆了概念,正确的天使眼概念应该指的是天使眼光圈。

图3-27 双光透镜

天使眼前照灯总成,其实就是带天使眼LED光圈的前照灯总成,有的带透镜有的不带透镜,有的带单光透镜(多为近光透镜)有的带双光透镜。

图3-28 汽车天使眼效果图

图3-29 多种颜色汽车天使眼光圈

3 如何加装透镜

透镜分为单光透镜和双光透镜,品牌有海拉一代(主要用于奥迪Q5、A6等车型)、海拉二代(主要用于宝马5系、7系、X5、Z4、奔驰E级等车型)、博世(主要用于高尔夫GTI、奥迪A4、奔驰S级、沃尔沃S40等车型)、法里奥2.75寸(主要用于奥迪Q7)、法里奥3寸(主要用于卡宴、途锐、迈腾等车型),国产也出来不少透镜品牌了。加透镜后,对应的车灯需要符合如下要求:

(1)加装透镜的首要条件是车灯必须是水晶面的,就是透明的,没有花纹的,其次,车灯内的空间可以放下一只透镜。

(2)单灯(也就是远近光分体灯)可以加装单光透镜,加装后,需要灯泡或者 HID 配套。远光近光都可以换透镜,但一般装近光。

(3)单光加装双光透镜:例如原车是单光的,加装双光透镜后,双光透镜本身具备远近光功能(双光透镜就是远光近光用同一只透镜进行变换,远光变近光是用透镜内电磁阀通过远光灯电源取电控制抬起遮光片由近光变远光),原车远光灯还存在所以等于双远光;加装后,需要灯泡或者 HID 灯的匹配。

改装双氙透镜过程是比较复杂的,并且 DIY 的原则就是发现问题解决问题,不同的车灯有不同的结构,许多时候是连高手也要停下来思考、设计解决方案的。基本要经历开罩、定位固定透镜、调光、接线、合罩、密封等几个主要步骤,每一个步骤的每一个细节都可以决定改装的成败与质量。改装双氙透镜前照灯最有难度、最有技术含量的几个环节是开罩、定位、密封等,有些前照灯特别是冷胶密封的总成你要完好拆开镜面,并不是容易的事,我想许多高手也都有拆坏前照灯的经历。透镜的定位与固定直接关系到光型、切割线等问题,是改装的关键所在,不同的总成也要设计不同的固定方式,许多 DIY 爱好者都是在这里打住找高手帮忙的。最后一个关键问题就是密封,密封不好前照灯进水轻则返工,严重的可能要损坏电路了,只要选择合适的材料,这一步并不难,关键是细致。

做一做

同学们已经初步掌握了氙气前照灯的更换流程,那我们就参照表 3-2 一步一步地在教学车辆上实操一遍。

氙气前照灯的更换步骤　　　　表 3-2

步　　骤	备　　注	完成后请打"√"
(1)检测车灯的型号是否与本车相符	型号:	
(2)把原车灯拆下	是否等车冷却?　是　否	
(3)拆去原线路的接线,在适当的位置用开孔器开一个直径为 25mm 的孔,用于氙气灯线的引进		
(4)拆开氙气灯安全筒	禁止皮肤接触氙气灯泡	
(5)装上氙气灯泡并扣紧,高压线由开孔引出,再将高压线上的防水胶圈护住开孔,防止水和尘土进入前照灯	禁止皮肤接触氙气灯泡	
(6)将安定器固定在适当的位置	安定器是否放置在比较通风的位置?　是　否	
(7)接上灯泡和安定器高压线	插头对接	
(8)接上 12V 电源线及控制线	红为正,黑为负	
(9)安装完毕后检查	确认正负极没有接反; 确认连接线没有太紧或太松、没有被挤压	
(10)开电源、试灯	是否能亮?　是　否 几秒后明亮:　　s	

课题四 汽车音响的选装

想一想

随着轿车大量进入寻常百姓家,汽车音响逐渐受到有车一族的青睐。然而,当有人在为动感汽车音乐而发狂的时候,更多的车主却对汽车音响缺乏了解,不知道该怎样安装适合自己的汽车音响。

一 为什么要改装汽车音响

现在人们的生活水平越来越高,汽车成为了人们出行的重要交通工具,为了提高自己的生活质量,汽车音乐自然而然就成为了人们生活当中不可分割的一个重要组成部分,但原车汽车音响的音质较差,再加上车主们的个性化要求等多种因素促进了汽车音响的改装,具体分析有一下几个因素。

1 汽车的原车音响较差

汽车制作厂商对车内音响配置优劣不是最为关切,生产开发中不重视、不专业,为降低成本,不会考虑到音质匹配的好坏,采购低廉扬声器,材质普通,功率小,在15W左右,分析力低,灵敏度不够,失真度高,只是有声而已,声大时还会有嗡嗡杂音,谈不上音效享受,层次感、还原度、逼真度等更不具备,虽说现在高档车原厂音响的配套改进了不少,但离专业的音效仍是相差很远;是否如此,事实做证,原车音响效果与真正美妙的音质之间的区别,只要到店面现场对比下就知道了。

2 驾车快感,需要美妙音质,有必要改装

如果你想在开车的时间里欣赏到快感舒展的歌曲,享受到优美的旋律,沉醉于移动音乐伴随的美妙歌声之中,如果你对音乐有一定的热爱与喜欢,在音乐欣赏上有一点知识,就要对爱车的音响进行相对程度的改装,多则上万元的发烧享受,少则几千元配套就足够了,随时打开汽车音响,尽情享受原声与逼真,声音饱满有厚度,天籁之音与你同行。

图3-30 城市交通堵塞情况

3 城市交通拥挤,堵车塞车时,解闷消遣

长时间的等待(图3-30),会枯燥无趣、烦闷不安、无聊,怎样打发煎熬的时间,需要动人悦耳的音乐来调节神经器官及感观的不适。

4 长时间驾车,长途开车,解乏伴侣

很久时间里处于紧张的状态,注意力过度集中,易于劳累,孤寂与疲乏(图3-31),日常驾车的都知道需要音乐来打发无聊的时间,但原车音响听起来音质很差,层次感不清,细节模糊,声音混沌,失真与嘈杂,动听的歌曲需要换上高品质的喇叭,更有必要相匹配的功率放大器推动优质的扬声器作业,使音效收放自如,清晰明朗,还原逼真,自然舒坦。

5 提升生活的品位与层次

享受情趣与时尚,改进生活质量;汽车不只是交通的工具,装饰你的爱车,升级音响改装,障显对生活的热爱,品味无穷的音乐魅力,让生活更内涵,更有味道;爱好音乐,是每个人的乐趣,懂得更深,拥有更多的不同,才有质量提升,情趣与境界,激情相伴。

6 缓解压力,放松神经,健康的生活方式

音乐不只是一种娱乐,很多成分影响到人的心理与情绪(图3-32),还会影响到人体生理,如抑郁、神经衰弱、疲劳、高血压、焦躁悲伤、不自信等,多家媒体报道音乐处方可治病。俗语说:借酒消愁,愁更愁,听歌一首,尽解忧;现代生活紧张,节奏快,压力大,生活困境与工作难题,应接不暇,有失业下岗的、有亏损破产的、有精神抑郁的、有商务繁杂的、有闷闷不乐的等人生百态,需解压放松,需陶冶情操,需要休养调节,累了烦了,听听悦耳的音乐,忙忙碌碌之中,让爱车增加音响的配套升级,拥有时刻伴随你的生活调节器,时刻享受并欣赏着美妙的音乐,欢乐开怀,化解生活的烦忧,关爱自己,改善质量,调节生活的环境与氛围,其"乐"无穷。

图3-31 驾驶的疲乏

图3-32 出行旅途愉快

二 汽车音响品牌

1 欧迪臣

意大利elettromedia公司旗下audison(欧迪臣)品牌(图3-33)为甲类专业功率放大器,公司始创于1979年,由两位热爱改造专业音响的工程人员所共同创立及拥有。

audison
music expression
意大利·欧迪臣

图3-33 欧迪臣商标

前期的发展主要是协助很多专业音响名牌电子产品设计及改良提升产品质量,他们也十分忠于这个方向的投入及发展。随后更致力于高级汽车专业音响的开发,由意大利本国开始慢慢地把audison的高级汽车音响产品及形象建立起来,时至今日"欧迪臣"的品牌形象早已受到世界上许多国家高素质汽车音响发烧玩家们的推崇,而且不断获得很多国家地区专业杂志媒体的高度评价和推举,更获奖无数。

② 赫兹

赫兹与卓越品牌欧迪臣一样，由意大利 elettromeida 公司尊贵出品（图3-34），电声学技术与音乐艺术的完美结合与体现。在产品开发和设计方面一如既往的严谨态度与创新思维，是赫兹品牌产品卓越声誉的坚实基础。怀着对缔造最佳音乐效果近乎布道般的狂热激情，电声学界顶级的研发设计团队在音乐放送上不断的探索与追求，成功地将创新的设计理念与追求完美的狂热融入赫兹产品研发与制造的整个过程，创造出业界卓越的赫兹汽车音响系列产品。赫兹充分考虑到聆听者的听觉感受，强力释放音乐热情，让纯粹有力、动态十足的声压带着颤栗般的快感充满整个声场，同时又深切关注音乐表现的每一个细节，追求品质卓越决不妥协。

图3-34　赫兹商标

③ 丹拿

丹拿（Dynaudio）公司（图3-35）由 Wilfried Ehrenholz 等一批电声工程师创立于1977年，总部设在德国汉堡，但生产基地在丹麦的 Skander-borg，兼具德国的严谨科学和丹麦手工艺的追求极致精神。

图3-35　丹拿商标

Dynaudio 单元毫不妥协地追求最忠实的还原，最高的线性与最低的失真，声音中性，没有任何音染，质感好，瞬态反应快，最让人惊异的当属其不可思议的功率承载能力，丹拿的高音单元可以承受10ins/1000W 的功率不会烧毁，这是很多单元达不到的魔鬼指标。

大音圈低音单元也是丹拿的杰作，其惯用的硅酸镁聚合物音盆（MSP）振膜、超大的75mm 音圈、短冲程设计、内磁式设计、对称磁路堪称独步。大音圈设计能更好地控制振膜的运动，承受更大的功率而不失真，能还原、释放出更多的细节。

丹拿 Dynaudio 音响同样也涉及豪华轿车的领域，丹拿音响效果可以说是世界有名的顶级音响品牌。

④ JBL

JBL 音响（图3-36）拥有60多年的发展历史，在音响领域始终引领潮流。从澳大利亚悉尼歌剧院到上海大剧院，从北京人民大会堂到上海国际会议中心及各类大型流动演出，JBL 音响都起着无与伦比的效果。随着音响、家庭影院的日益普及和消费者对高质量音响效果的不断追求，JBL 民用音响已进入千家万户，成为众多音响发烧友的首选品牌。

图3-36　JBL商标

JBL 近年来渐渐地将发展重心转移至汽车音响，自 JBL 和丰田汽车在1997年成为合作伙伴后，至今 JBL 已为丰田汽车多个型号配上时尚特色和充满个性品味的汽车音响。JBL 也与很多著名汽车商合作，如奔驰、保时捷、宝马、福特、捷豹、马莎拉蒂、迈巴赫、路虎、标致、起亚、现代等。

⑤ Infinity

1968年，Infinity 在美国加州创立，三位空气动力学工程师 Cary Chrisic、Arnold Nudell

及 Jack Ulrick 是这一品牌（图 3-37）的创始人，公司最早的场地只是加州的一个小车库，但是凭借他们三人对音响的热情及从航天科技中得到的专业知识，很快就研究开发出了第一件产品 Servo Static 1，这是一款以 2.1 声道概念有源伺服方式推出的高级扬声器系统，很快就获得了音响界的认同，在当时轰动一时，同时也为 Infinity 以技术领先、追求永恒无止境的品牌理念奠定了良好的基础。从此，Infinity 在音响界一直没有被淡化和遗忘。

图 3-37　Infinity 商标

三　汽车影响的组成

音响系统之所以可以称为音响，最基本的条件就是有回放声音的功能。音响系统中，至少要包含下列几点才有资格称为音响，这一点任何音响系统皆然，汽车音响亦不例外，汽车音响主要包括主机、扬声器、功率放大器三部分。主机是汽车音响中最重要的组成部分，就好像人的大脑，要发出什么样的声音，得由大脑来控制。目前流行的主机有 CD 主机、MP3 加 CD 碟盒和 CD/DVD/车载 MP5 主机，MP5 主机已替代一般的车载 CD 音响系统，海量硬盘容量已取代传统的碟片。车载 MP5 已成为当今主流。

1　音源

能解码出软件与多媒体的机构，谓之音源。这个专有名词看起来似乎不好理解，其实是极为简单的东西！播放广播的称为调谐器，俗称收音机，播放卡带的称为卡式放音座，您想要听什么东西？交通路况的节目？那您得打开广播电台，并且调到正确的频道（图 3-38）。想在车上看电视？那更简单了，液晶屏幕早就是汽车音响系统的主角之一了，就算您想要看 DVD 也是一样的。想听音乐吗？放一张您中意的唱片吧，不论是 CD、MD 还是卡带。

图 3-38　音源

2　前级信号控制

简单来说，前级就是在后级之前，我们一般将功放称为后级，所以在音源与功放之间，所有对于音乐信号的处理零件，都称为前级。例如汽车音响主机上对于音量大小的控制，就是属于前级的部分，它控制的就是信号的强弱度。其他音响器材中，较常看到的前级控制部分，还有高音与低音的调整、左右平衡、前后音量调整以及 Loudless 响度控制。此外比较复杂的还有音频均衡器（EQ），其功能和床头音响经常见到的、具有多段频率调整音色、还会显示不同图案屏幕的功能相同。另外，数字音效处理器 DSP 也是现在许多主机的标准配备，简单说来就是模拟体育馆、舞厅或是音乐厅等空间的声音特性。总而言之，凡是有关于信号的处理或调整的机构，就是前级。

3　功率放大机构

前级控制的声音信号强度大多都只有几伏特，还不足以驱动喇叭单体，因此必须让信号吃些"大力丸"，让信号的强度更强，使其可以瓦特（W）来计算，这样将信号强化成功率输出的机构，就称为功率放大器，也就是俗称的功放。一般而言，音响系统的总输出功率值,也就是系统中所有功率放大器的输出功率之和,都被拿来作为音响系统在大小级数上的分级。

4 扬声器

将电能变成声波的零件称之为扬声器(图3-39)。或许已有同学猜到扬声器就是俗称的喇叭,但这种叫法只说对了一半。能将信号转变为声音的机构,除了一般常见到圆形或是椭圆的往复动圈式喇叭单体以外,还有其他种类的扬声器!例如以金属带发声的丝带式(Ribbon)、以静电驱动平面式振膜的静电式扬声器,也都在音响中占有一席之地,不过在汽车音响中动圈式喇叭还是主流。

图3-39 扬声器

5 传输机构

一个完整的音响系统,线材是不可或缺的组合部件,但线材却往往容易被忽视。其实线材的好与坏,会直接影响声音的品质,因为线材从材质、绞合结构,到直径、绝缘与阻抗值等设计与规格上的不同,都会影响信号或电量的传送。而在线材的使用方面,会因不同的器材需要有不同设计取向的线材,如电源、搭铁、启动、信号、扬声器、光纤与特殊系统所需的线材,都因各自要求不同而在设计上有所区别。例如对要求声音品质的扬声器线而言,其材质的纯度必定是越高越好,否则太多杂质会影响声音的完全发挥。此外线材与器材间的端子亦非常重要,接点牢固与否、接触面积的大小、接头设计与材质以及搭铁是否良好,也会对声音效果产生重大影响。

汽车音响大多为前后级合一,目前市售的主机之中,很多已经具备了音源、前级和后级,囊括了音响构成的基本结构。为什么这样说呢?你看主机是否有单碟CD、磁带卡座或是收音机?至少有其中的两样吧!那就是音源啦。再看汽车音响主机中,是不是可以调整音量的大小,而且即使是最低档的主机也有高音与低音的音色调整吧!那就是有前级了。此外,主机是不是大多都有输出功率呢?如果汽车音响系统中,是以主机直接去推扬声器的话,那必定是主机中内含了功率放大器,例如普通的原厂主机或是大多数的改装主机都会有功率输出。而有一种主机没有附内置功率扩大器输出的,这种主机一般俗称为哑巴机,仅有信号输出而已。不要以为这种主机会较便宜,其实大多数哑巴机都属于最高级的旗舰级,因为会使用哑巴机的音响必定会安装功率放大器,因此主机内部零件的用料更加高级,线路架构的走法更为完整,所以价格也是最贵的。

四 汽车音响的选择

1 汽车音响的分类

现在的汽车音响从收听效果上大概分三个类别:
(1)美国风格,音乐充满金属味道,比较强劲,适合年轻一族。
(2)英国风格,音色相对柔软,听怀旧的抒情老歌比较舒服,适合不同年龄层的人群。
(3)北欧风格,适合听静谧的小夜曲。

2 汽车音响功率放大器的选择

功率放大器(图3-40)是音响系统的心脏,功率放大器功率的大小、质量的好坏对音乐的播放起着至关重要的作用。普通汽车的功率放大器都设计在主机内,功率一般为10~45W,但这样无法聆听多层次大功率的数码音乐,要想使声音达到最佳效果,就必须在系统中增加独立的功率放大器,其目的是将电源的12V电压升至35~45V,以高电压推动大功率喇叭,这样动态范围增大了,音乐才能更完美地播放出来。那么如何选购功率放大器呢?

首先,功率放大器的功率应与扬声器的功率相搭配;其次,要选择有内置分频器的功率放大器,这样会使系统具有扩充性,可自由对功率放大器和扬声器进行组合,同时也使调节简单易行,使得整套系统的音质得到提高。选购时还要注意尽量选择较大的散热器,因为大功率的输出,必然会产生较大的热量,散热是维持功率放大器基本工作的重要因素之一。

图3-40 功率放大器

3 扬声器的选择

汽车音响使用的扬声器种类很多,有同轴式、全音域、分离式及超低单元等形式。单元振膜的面积越小则音高越高,面积越大则音高越低,因此,音响系统必须使用多种大小不同的扬声器,才能将音乐完全还原。

现在大多数汽车上使用的是同轴扬声器,它将低音与高音装在同一轴心上,成为一个综合性的音域单元,但受到安装位置的限制,音效不是很好。那么,怎样才能选择比较合适的音响扬声器呢?下面简要谈一下这个问题:

1)并不是标称功率越大越好

并不是标称功率越大,扬声器的实际功率就越大,扬声器的实际功率只能用仪器检测才能得到结果,要想发出完美的音乐,需要功率放大器和扬声器的完美匹配。

2)并不是套装扬声器的分频器内置元件越多越好

元件数量的多少,并不能起决定性的作用,关键要看电子元件的质量。

3)在不失真的状态下,确保扬声器大幅度振动不会烧毁

在声音不失真的状态下,扬声器的振动频率越高,说明它的灵敏度越高,对声音的表现能力越强,它并不会烧毁。但是在失真的状态下,就另当别论了。

4)并不是扬声器的磁铁越大越好

磁铁分高密度、低密度、强磁性、弱磁性等几类,如果是个低密度弱磁铁的扬声器,它的效果肯定不会好,而且体积大安装起来也不方便。

4 走出选装的误区

由于车主对汽车音响不够了解,往往凭自己的感觉选购,从而导致汽车音响难以发挥最理想的听觉效果。有专家提醒这部分车主,别陷入以下四大误区:

误区之一:很多车主以为,多碟CD机的工艺一定复杂,所以价格也要比单碟CD机高,其实错了。如果你只想挑一款普通的单碟机价格是很便宜的,但质量好的单碟机与一个十碟机的价格也是相差无几,甚至更高。而且科技的发展早已解决了多碟机换碟不稳定的毛病,完全可以放心使用。

误区之二:选购家用音响,一般人认为主机、音箱都选同一品牌比较好,所以汽车音响也应该选用同一品牌的产品,这又是一个误区。其实要根据主机的型号、功率来进行合理

搭配,不同品牌的产品也能创造出良好的收听效果。

误区之三:都说"好马配好鞍",一定要高档车才能装配高档音响,事实却并非如此。装配什么样的音响完全是根据车主的经济实力和音乐鉴赏水平来定。有一位奥拓车主就装配了一套超过2万元的音响,他车的行李舱里放的是两个大音箱,再也放不下其他任何物品了,但他说,他的确体会到了完美的音乐旅程。

误区之四:不少车主认为,加装低音音盘是为了起到震撼的效果,其实你忽略了汽车的特性,再高档的车也会有噪声存在,行驶过程中所释放出音乐的低音部分会被不同程度地减弱,而低音音盘正是在补充低音的损失,如果加上低音功放则可使储备功率加大,减小失真,这是与家用音响不同的地方。

5 音响改装注意问题

音响改装首要注意的就是电路问题。在对汽车音响进行改装和维修时一定要去专业的改装店,在施工时不会破坏原车电路,影响车辆保修,并且保证售后服务。在布线时候是单独布电源线、音频线、信号线,而且线路之间做好屏蔽与保护。

1)预留升级空间

改装音响一般有循序渐进的过程,大概的顺序是先换扬声器、升级功率放大器、增加低音扬声器,最后再更换主机。最好能预留升级空间,逐步升级,挑一套质素好的扬声器,音质就已经有了很大的提升空间,然后再升级功率放大器和扬声器。最后再升级解析力强的主机,就能达到HIFI的音质效果。

2)选好风格

建议首先要针对听音乐的喜好,选择适合的品牌与风格,合理搭配器材,尤其是应该做好线材的选择和布线,器材的安装与保固、防水等,这样把基础做好了,才能起到事半功倍的效果。

3)改装工艺

汽车行驶环境可能十分恶劣,因此安装工艺非常重要,不能随便找人施工。正规的专业改装一般会提供一年左右的质保期。如果改装商家不能提供较长质保期,建议选择其他店进行。

6 音响安装步骤

去音响店换主机一般需要500~800元的安装费,价格不算便宜,不如自己动手试试,这里向同学们介绍一下部分品牌音响简易的安装步骤(表3-3)。

音响简易的安装步骤　　　　　　表3-3

步骤一:要阅读所要安装音响的使用手册,了解音响的性能和配线功能	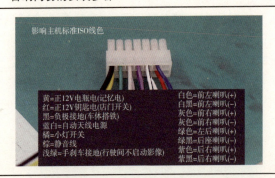

续上表

步骤二:卸下中控台面	
步骤三:卸下面板后面的线组	
步骤四:测量原车音响线组定义	
步骤五:测量扬声器线组定义	

续上表

步骤六:剥除线组外皮	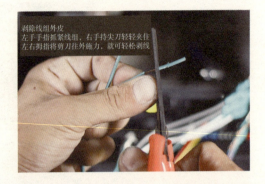 剥除线组外皮 左手手指抓紧线组,右手持尖刀轻轻夹住 左右拇指将剪刀往外施力,就可轻松剥线
步骤七:预留裸线长度	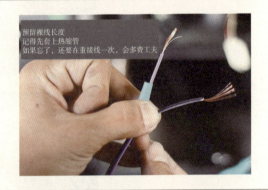 预留裸线长度 记得先套上热缩管 如果忘了,还要在重接线一次,会多费工夫
步骤八:接线	 接线法 两线先交叉再对绕
步骤九:绝缘处理	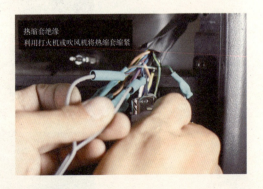 热缩套绝缘 利用打火机或吹风机将热缩套缩紧

续上表

步骤九:绝缘处理	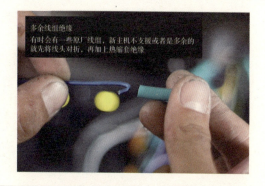 多余线组绝缘 有时会有一些原厂线组,新主机不支援或者是多余的就先将线头对折,再加上热缩套绝缘
步骤十:整理	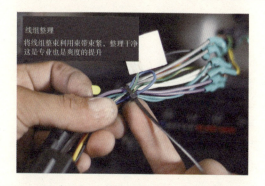 线组整理 将线组整束利用束带束紧,整理干净这是专业也是爽度的提升
步骤十一:总检查	 总检查 到这里差不多完成了,最后再检查一次,线组有没有接错右边的线是收音机天线,记得要插上主机哦!
步骤十二:安装主机	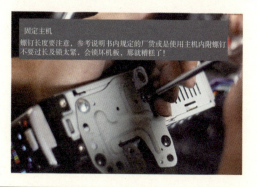 固定主机 螺钉长度要注意,参考说明书内规定的厂货或是使用主机内附螺钉不要过长及锁太紧,会锁坏机板,那就糟糕了!

续上表

步骤十三:安装面板	

做一做

在广州本田奥德赛车上改装汽车音响配置。

方案一:

音源主机:日本歌乐 D2;

主声场扬声器:以色列摩雷摩雷三分频;

超低音:法国劲浪低音;

功率放大器:英国创世纪功率放大器。

方案二:

主机采用歌乐 D2 无功率放大器主机;

前声场用 FOCAL 乌托邦 165W3 三分频扬声器;

后面三个两路 GENESIS 功率放大器推动前声场三分频扬声器;

低音使用 FOCAL 乌托邦 21WX,单独装了一个功率放大器在前排座椅下推低音;

线材采用 2 号电源线,分电源线用 4 号电源线。

项目四　汽车发动机改装

项目描述

汽车发动机改装是汽车改装的核心，目前，在国内因相关法律和法规的限制，大多数民用车(俗称"街车")的发动机改装还是体现在系统改装上，如进气系统、排气系统、点火系统、供油系统等，以提高发动机的动力性、加速性及经济性为主，满足个性化需求。而比赛用车的发动机改装则是全方面的改装，涉及发动机的机械改装、控制系统改装、电控单元改装、进气系统改装、排气系统改装、点火系统改装、供油系统改装、润滑系统改装、冷却系统改装等，以提高发动机的动力性、加速性及功率为主，满足竞技需求。图4-1所示为换装长型进气歧管。

图4-1　换装长型进气歧管

知识目标

1. 了解汽车发动机改装的作业方向。
2. 了解汽车发动机改装配件需求。
3. 了解汽车发动机改装的要求及方法。

技能目标

1. 学会鉴别和选购汽车发动机改装配件。
2. 学会制订汽车发动机改装方案。
3. 学会各种汽车发动机改装的技能及技巧。

素养目标

1. 培养学生对汽车发动机改装的兴趣。
2. 培养学生自主学习、解决问题的能力。
3. 培养学生的安全意识和团队合作意识。

建议学时

24学时。

课题一　汽车发动机排气系统改装

想一想

你经常听到激情澎湃的汽车发动机轰鸣声,是怎样经过改装得到的?是为了获得汽车发动机的动力性能还是为了……

排气系统改装是汽车发动机改装的入门级作业。最简单的改装项目是在排气尾管上加装俗称"响喉"(图4-2)的部件,获取如赛车行驶时发动机运行的"澎湃声"。当然,汽车发动机改装的主要目的是提升汽车的动力性能,主要途径是减小排气背压及其带来的负面作用,提高汽车发动机的排气效率。

一　排气系统构成

由于排气系统的改装主要是围绕排气系统各组成部件进行的,有必要了解排气系统的构成,如图4-3所示。

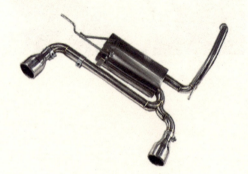

图4-2　汽车排气系统尾段响喉

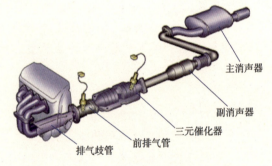

图4-3　排气系统结构示意图

1 排气歧管

与汽车发动机缸盖排气门相连的部分称为排气歧管,表相与香蕉的形态相似,俗称"死气蕉",作用是将各汽缸排气门排出的废气收集汇合,整体排出。

2 前排气管

涡轮增压的汽车发动机中,涡轮增压废气端出口处连接管称为前排气管,俗称"头批";该管道除了将废气导入三元催化器以外,还能实现发动机与排气管之间柔性连接,减轻发动机振动的传导。

3 三元催化器

三元催化器的作用是将废气中残余的有害气体通过催化器的氧化还原反应,转化成无害的气体。

4 副消声器

三元催化器之后是副消声器,俗称"中鼓",主要作用是降低排气噪声。消声效果有限。

5 主消声器

副消声器之后是主消声器,俗称"尾鼓",消声效果较显著,是目前最常做的改装部位。

二 排气系统各段的改装及其特性

排气系统改装(图4-4)基本上都是以新设计的组件替换原车相应组件而完成的。

要减少汽车发动机的排气背压,可以通过加大排气管口径和缩短排气管长度的方式来实现。实践证明,当汽车发动机中低速工况运行时,废气排出量比较少,废气流速过慢,阻挡了汽缸内废气的排出,适当的排气背压可以增加废气的流动速度,提高废气的排出效率;当汽车发动机高速工况运行时,排气背压阻碍了废气的排出,影响到发动机的动力性。因此,汽车发动机的改装要在低速大转矩还是高速大功率中做出抉择,才能实施有效的改装方案。

排气系统的改装通常从中、尾段入手。中段改装分为两类:一类是满足低速大转矩的性能需求,称为"粗短型",也就是加大管径,尽量减少管体长度。但是会导致汽车发动机中低速工况运行时排气背压低,废气流速慢,缸内废气

图4-4 排气系统改装效果图

残余量多,发动机转矩小。另一类则满足高速大功率的性能需求,称为"细长型",如图4-5所示,改装上就只是更换管体材质,并不改变原来的弯曲形状,甚至尾段轻微变细,这种改法的好处在于适合日常市区行驶,排气管内压力高,废气排出迅速,发动机中低速工况时转矩有一定的增量,但高速工况下受排气背压的影响废气排出效率较低,发动机动力性变差。

排气管中段的改装中,还有两个重要组件:催化器和副消声器,两者都具备降低噪声的作用。内部蜂窝状构造的催化器,影响废气的排出,可以更换成"炮弹形"的替代管(直管易引起共振),促使排气顺畅,发动机的功率也提高少许。

催化器替代管一般都做成较轻、较小型来增进排气效率(图4-6),而某些管径偏粗的改装产品,会在这一部位作适当缩减来平衡发动机中低转速运转时的转矩。考虑到环保性,一般优先推荐使用改装版的催化器。

图4-5 细长型排气管

图4-6 改装催化器

尾鼓主要是指消声器(图 4-7)。常见消声器有两种类型,一种是反射式,大部分的原厂消声器采用,主要问题是阻力大、动力流失严重;另一种是直线式,入口与出口基本上在同一直线上,纯粹依靠吸音棉和屑末消声,阻力小,几乎所有的改装尾段都采用。

图 4-7 尾鼓的改装

排气歧管是排气系统改装中最重要的部分,改装后效果最明显。原装排气歧管大部分采用铸铁材质,不锈钢材质的较少。出于大批量生产控制成本的原因,原装的排气歧管多采用砂型模具铸铁铸造,管路内壁粗糙,气流阻力大,各缸排气歧管长度也多不一致,易造成排气干涉。

改装用的排气歧管(图 4-8),一般采用不锈钢材质。优点是:容易弯曲和切割,减轻了制作等长排气歧管的加工难度,并且耐高温性能好、质量轻、壁薄内壁光滑,有利于废气的流动。

三 排气系统改装产品品牌

1 大众高尔夫 6 GTi 专用 ARQRAY 竞技版/街道版排气管

这是一款用于大众高尔夫 6GTi 车型的改装排气管(图 4-9),分为竞技版和街道版两种配置,两者的差别为街道版配有副消声器而竞技版的没有副消声器,它由日本艾克锐(ARQRAY)公司研制。ARQRAY 的特殊工艺能使排气保持一样低频的声浪,使驾驶人感受到动力提升的同时又能享受到如跑车行驶时的轰鸣感。

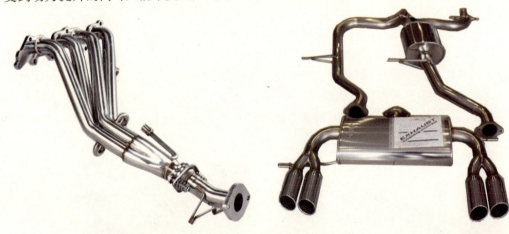

图 4-8 排气歧管的改装　　　　图 4-9 高尔夫 6 GTi 车型的 ARQRAY 排气管

艾克锐(ARQRAY)公司由日本著名工艺大师藤壶武志创立,一直专注设计和制造最顶尖的高性能排气系统,其产品频繁现身于世界各大赛事的赛车上。

2 奔驰 E260 专用 WILSON(威讯)品牌排气管中尾段

这款用于奔驰 E260 车型的中尾段排气管采用轻量化不锈钢材质(图 4-10),将原厂单出式尾排改成双出式尾排。管径达到 60.3mm,在此管径下,能让奔驰 E260 的 1.8T 发动机排气更为顺畅,提升发动机动力表现。主消声器采用 G 型设计,能提升发动机低转矩的输出,适合日常驾驶模式。

3 宝马 1M 专用 Akrapovic(天蝎)变排气管全段

这是 Akrapovic(天蝎)针对宝马 1M 推出的可变排气管件(图 4-11),采用轻量化的钛合金制成,比原车排气轻 12kg,有效减少车身质量,兼顾了宝马 1M 的低速大转矩和高速大功率的输出需求。

图 4-10 奔驰 E260 中尾段 WILSON 排气管　　图 4-11 宝马 1M 专用 Akrapovic 排气管

4 大众尚酷专用 KMR 双边四出排气中尾段

大众尚酷用 KMR 双边四出排气中尾段采用 SUS304 不锈钢材料,以及精致的制作工艺,专注于原装车位的高性能排气系统,相较原厂排气质量更轻,排气效率更顺畅,使车辆具有了超高的动力性能。此外,它制作完美、外观时尚,深受改装者的喜爱。如图 4-12 所示。

5 三菱 EVO X 专用 Titan 钛合金排气中尾段

这款产品由东莞泰伦斯出品的 Titan 钛合金排气中尾段(图 4-13),用钛合金材料制作,在焊接方面也是采用双面焊接,在管道内外都进行焊接,其轻量化效果自然不言而喻,双出中尾段的质量仅为 7.2kg。而尾段结构方面则是采用直通形式的设计,可以让发动机排气更加顺畅,可以提升发动机高速大功率的爆发。

 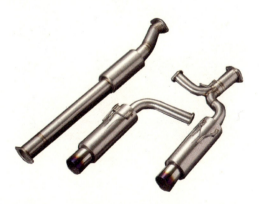

图 4-12 大众尚酷专用 KMR 排气中尾段　　图 4-13 三菱 EVO X 专用 Titan 钛合金排气中尾段

6 新骐达 GTS 专用 Aspec 排气中尾段

出自 Aspec 品牌（图中右侧的是原装排气管），采用 SUS304 不锈钢制作，管径达到 60mm，令废气的流通更加顺畅（图 4-14）。

7 保时捷 911（997）专用排气歧管

如图 4-15 所示，这款保时捷 911（997）专用的排气歧管升级组件出自 KSG 品牌，采用不锈钢材质等长化设计，光滑流畅的管道内壁，确保最高效的废气排出，且在轻量化方面也较原装歧管有不少优势。

图 4-14 新骐达 GTS

图 4-15 保时捷 911KSG

四 汽车发动机排气系统改装

1 大众途观 2.0T 排气系统尾段改装

大众途观车型原装排气管为左侧双出的形式（图 4-16），可选用 REMUS 公司制造的不锈钢四出尾段排气喉（带部分碳纤维材质）（图 4-17），其外观轻巧美观，动感十足。

图 4-16 途观 2.0T 原装排气尾段样式

图 4-17 REMUS 品牌途观 2.0T 尾段升级组件

由于途观原车中尾段排气连成一体，无连接点，所以要量度适当位置进行切割，如图 4-18 所示。随后焊接、安装 REMUS 不锈钢四出尾段排气管。改装后（图 4-19），该车排气管动感十足，发动机运行声低沉浑厚。

2 宝马335i 排气管改装

宝马335i 原装排气管,如图4-20 所示,全段弯折处过多,弯折角度大,弯曲处管径呈收缩状,不利于尾气的排出,制约了发动机的动力性。

升级组件中段排气管增大管径,去弯取直,如图4-21 所示,依原车布置设计管路走向,只需拆旧装新就能完成改装。这样,尾气排放顺畅,发动机动力得以提升。

图4-18 切割排气管

图4-19 焊接安装排气管

图4-20 宝马335i 排气管

图4-21 升级后的宝马335i 排气管

做一做

如何改装2.0L奥德赛汽车发动机排气系统?

课题二 汽车发动机进气系统改装

想一想

汽车发动机进气系统改装对发动机有何影响?

一 进气系统构成

汽车发动机的进气系统主要由五大部分组成,即节气门体、进气管后段、空气流量计、空气滤清器、进气管前段,如图4-22 所示。

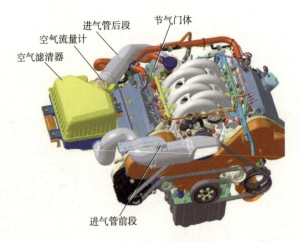

图 4-22　进气系统组成

二 进气系统各段的改装及其特性

1 改装空气滤清器

进气系统改装的入门工作就是换用高效率、高流量的空气滤清器滤芯,如图 4-23 所示。换装高流量的空气滤清器滤芯可降低发动机进气的阻力,同时提高发动机运转时单位时间的进气量及容积效率。在发动机 ECU 的控制下,喷油量随之增加,达成增大动力输出的目的。

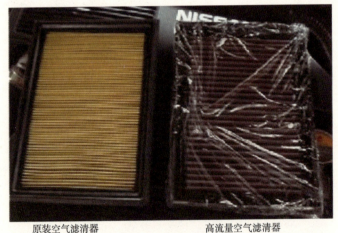

图 4-23　换装高流量空气滤清器

若换了滤芯仍不能满足驾驶人的需求,可将整个空气滤清器总成更换为俗称"冬菇头"的滤芯外露式空气滤清器,进一步的降低进气阻力,增大发动机的充气效率,如图 4-24 所示。

2 改装进气管

进气管的改装有两种途径。一则是改变进气管的形状,目的在于使进气蓄压(以供急加速时节气门突然全开之需)及增加进气的流速;另一则为改变进气管材质,使用碳纤维材料代替金属材料,目的在于减轻进气管质量,进气温度不受动力舱高温的影响,进气密度大,单位体积空气的含氧量增加,提升了发动机的动力性。缺点是价格昂贵。

3 加装二次进气装置

所谓"二次进气"是指除了原有从空气滤清器吸入的空气外,另外再利用进气歧管的真空压力差,从发动机的PCV(曲轴箱强制通风)管路外接入另一个进气装置,导入适量的新鲜空气来提高进气容积效率。二次进气装置提升了发动机低速时的动力性。

图 4-24　换装滤芯外露式空气滤清器

三 进气系统的改装方法

1 改装空气滤清器

普通空气滤清器改装为滤芯外露式空气滤清器的具体方法,见表 4-1。

改装空气滤清器　　　　　表 4-1

步骤	图示
(1)选定材料,铝管或不锈钢管	
(2)根据冬菇头的位置,计算不锈钢管的弯度以及需要切割的尺寸、划线	
(3)在台虎钳上切割	
(4)切割完之后的成果	

续上表

(5)用氩弧焊将这几个切口进行焊接,焊接之前还要将切口锉平	
(6)焊接结束以后用砂纸打磨一遍,在冬菇头接口处缠一层胶带,在接口的地方用硅胶管连接	
(7)安装滤芯外露式空气滤清器,连接曲轴箱进气管	

2 改装二次进气装置

改装二次进气装置就是在节气门之后加装一个小的空气滤清器,见表4-2。

改装二次进气装置　　　　　　表4-2

(1)将PCV软管拆下	
(2)截断PCV软管,连接三通管	

续上表

(3)安装油壶	
(4)接好管路,固定好小的空气滤清器	
(5)调试(调节阀门开度、使怠速稳定)	

做一做

如何改装2.0L奥德赛汽车发动机进气系统？

课题三　汽车发动机点火系统改装

想一想

为什么要进行汽车发动机点火系统改装,它能有效提升汽车发动机的功率吗？

一 点火模块和点火线圈的改装

点火模块和点火线圈(图4-25)是点火系统发生高压点火电能的核心组件。由于点火初级线圈是由点火模块的输出电流驱动的,因此必须注意一个功率匹配的问题,也就是点火模块的额定功率必须大于点火初级线圈的功耗,对于只改高压线圈而不改点火模块的情形,一般要求改装点火线圈的初级线圈阻抗基本与原装初级线圈的阻抗相当才能保证点火模块的正常运行。目前,独立点火技术已经普及,许多车辆的点火模块和点火线圈已经一体化,所以点火模块和点火线圈的改装升级放在一起进行。

图4-25　点火模块

改装型的高压线圈通常采用材质更优的导线和更高的次级线圈匝数来获得高于原装点火线圈的点火能量。对于改装包含点火模块的点火线圈(独立点火)和双极性直接点火线圈而言,通常只需考虑性能升级组件的安装位置和连接器接线问题就可以了。点火模块与点火线圈分开的点火系统的改装,如果只改装点火线圈,就需要测量改装点火线圈的初级阻抗,从安全角度考虑,测值不应低于原装初级线圈的标准阻抗,否则会造成点火模块过热甚至烧毁。

二 点火高压线的改装

由于车辆上的电子应用系统越来越多,而点火系统又属于强电磁干扰源,为了避免干扰其他电子系统的工作,点火高压线是带一定阻抗的,通常为 5~15kΩ,既然有阻抗当然就会造成点火高压能量的损耗了,所以作为性能升级型的高压线(图 4-26),一般都具有较低阻抗以确保高压点火能量以尽量小的损耗传导到火花塞,同时也要求其在材质和设计生产工艺上保证具有不低于原装的抗干扰性能。同时还需要注意的是,作为次级线圈驱动回路的一部分,高压线的阻抗降低势必增加次级线圈的负荷,有可能造成点火线圈过热甚至烧坏的危险,单独对高压线进行改装提升是不可取的。而科学的改装应该是系统组件性能的整体同步提升。

不同的汽车发动机由于高压缸线布置走向等的差异其尺寸长短等会有不同,所以做高压缸线改装时也要注意按车型来选择改装组件,否则极有可能安装不顺利甚至装不上(出现拉扯紧绷或与其他部件发生干涉等都是不可取的)。

三 火花塞的改装

改装用火花塞多采用针式电极,如图 4-27 所示。针式电极点火能量集中、火花稳定且位置准确、击穿电压相对较低、启动性能也更优,可以准确的利用点火线圈产生来的高压电能产生电火花,点燃被压缩到最佳状态的燃油混合气。一个好的火花塞不仅要解决点火正时,保障散热,同时还要兼顾汽车发动机全工况点火的火花稳定性,降低由火花塞引起的失火率。

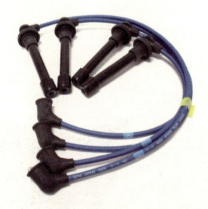

图 4-26 升级型的高压线

图 4-27 火花塞

换装火花塞还需要注意一个问题,就是选用的火花塞的热值必须与汽车发动机使用性能相匹配,否则不但影响其性能发挥,还有可能造成故障。最稳妥的方式是按原装火花塞的热值来匹配选型。

四 汽车发动机点火系统改装

1 用于宝马 M3 型的 OKADA PLASMA DIRECT 增强点火器

来自 OKADA 出品的 PLASMA DIRECT 独立点火增强器(如图 4-28),采用与宝马 M3 点火线束相匹配的连接器,只需直接换装就可完成改装。它通过加大跳火电流和点火持续时间等,在发动机燃烧室内加速混合气燃烧并促进燃烧效率,提升动力的输出。

2 RX-8 转子汽车发动机用分缸高压线

分缸线的好坏取决于其采用的材料,如果材料电阻太大,会造成能量损失,导致跳火强度不足。图 4-29 所示是一款用于马自达 RX-8 的双转子发动机的高压分缸线,来自美国 NOLOGY 公司。该分缸线阻值低,点火能量经过时损失不大。

图 4-28 宝马 M3 型的 OKADA PLASMA DIRECT 增强点火器

3 NGK RACING COMPETITION 火花塞(图 4-30)

日本 NGK 公司制造的火花塞工艺水平很高,该公司生产的 RACING COMPETITON 火花塞是专为比赛设计的,特别是应用于转速达到 10000r/min 的发动机上。车辆在竞技过程中,注重的并不是火花塞的寿命,而是火花塞能否承受大振动、高热负荷,RACING COMPETITON 火花塞满足了使用者的要求。

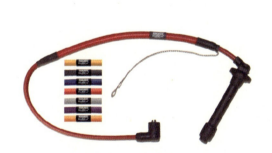

图 4-29 RX-8 转子汽车发动机用分缸高压线

图 4-30 NGK RACING COMPETITION 火花塞

做一做

如何改装 2.0L 奥德赛的汽车发动机点火系统?

课题四　汽车发动机燃油供给系统及 ECU 的改装

想一想

汽车发动机燃油供给系统的作用,它对发动机的动力性有何影响?

一 燃油供给系统构成

燃油供给系统由汽油箱、电动汽油泵、汽油滤清器、燃油分配管、燃油压力调节器、喷油器等部件组成,如图4-31所示。

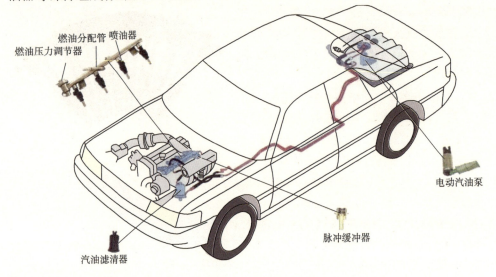

图4-31 燃油供给系统组成

二 燃油供给系统各零部件的改装及其特性

1 改装高流量电动汽油泵

在发动机燃油供给系统中,供油量是一个非常重要的性能数据,它直接关系到整个装置的生产能力和输送能力。在发动机高速运转的时候,对供油量和压力的要求都会相应提高,然而供油量不足则直接影响到喷油量,没有足够的燃油,动力性也随之降低。更换一个高流量的电动汽油泵(图4-32)则有助于提高燃油油压,增加喷油器的喷油压力,改善了汽油雾化质量,提升了发动机的转矩和功率。

2 改装高流量喷油器

使用高流量喷油器,如图4-33所示,提高单位时间的喷油量,满足高性能发动机动力的需要。

图4-32 高流量电动汽油泵

图4-33 高流量喷油器

3 加装燃油压力调整阀

燃油压力调整阀,如图 4-34 所示,加装在压力调整器后的回油路上,安装后可将喷油嘴的喷油压力提高 20% 左右,从而达到在不改变供油模式的情况下提高 5%~10% 的喷油量。燃油压力调整阀可以提升全转速区域内的功率输出,对于改装过进排气系统、在高转速区域需要高供油量的车辆帮助很大。缺点是加装后油耗增大。

4 改装油压调节器

油压调节器在多点喷射系统中负责对喷油器内外提供固定的压力差值。理论上,压力差值越大,单位时间喷油量越大。改变油压最快的方法就是安装可调式油压调节器(图 4-35)。

图 4-34 燃油压力调整阀

图 4-35 油压调节器

三 升级发动机电控单元(ECU)

升级发动机电控单元的优点有:
(1)节气门响应快;
(2)增大发动机功率和转矩;
(3)功率传输更平滑,换挡更平顺,城镇道路超车更容易;
(4)在正常驾驶情况下,有助于节油,减少车辆低速行驶产生的缸内积炭。

下面以宝马 X5 为例,讲解升级发动机电控单元的流程。见表 4-3。

升级发动机电控单元的流程　　　　　　　表 4-3

(1)记录车身号码	

续上表

(2)拆下电控单元	
(3)打开电控单元,接线	
(4)读、写电控单元数据	
(5)使用原厂密封胶密封,复原	
(6)试车	

 做一做

改装2.0L奥德赛的汽车发动机燃油供给系统,升级发动机电控单元(ECU),试车。

项目五 汽车底盘改装

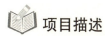 **项目描述**

汽车底盘改装是汽车改装的重要组成部分,一般分为汽车底盘保护性改装、汽车舒适性能改装和汽车操控性能改装等。由于汽车底盘长年累月暴露在外,其工作环境非常恶劣,直接接触外界的伤害,因此人们对汽车底盘进行"底盘封塑"或者"底盘装甲"等保护性底盘改装;另一方面,随着现代人们物质条件的改善,越来越多的人希望感受驾驶乐趣,追求提升汽车的操控性能,因此汽车轮胎升级、汽车制动系统改装、汽车悬架系统改装等项目,逐渐成为满足现代人们个性化需求,甚至是竞技需求的汽车底盘改装的主流项目。

 知识目标

1. 了解的汽车底盘改装知识。
2. 了解汽车底盘改装套件。
3. 了解汽车底盘系统改装项目。
4. 了解影响改装汽车底盘的因素。

 技能目标

1. 学会选配汽车底盘改装套件。
2. 学会制订汽车底盘改装方案。
3. 学会汽车轮胎升级、制动系统、悬架系统改装的技能及技巧。

 素养目标

1. 培养学生对汽车底盘改装的兴趣。
2. 培养学生自主学习、解决问题的能力。
3. 培养学生的安全意识和团队合作意识。

 建议学时

30 学时。

课题一 汽车轮胎的升级

 想一想

你平时见到汽车都换装了什么品牌的轮胎,换装轮胎之后对汽车的性能有什么影响?

一 汽车轮胎认识

轮胎是汽车的重要部件,在汽车轮胎上的标记有10余种(图5-1),正确识别这些标记和花纹对轮胎的选配、使用、维护十分重要。

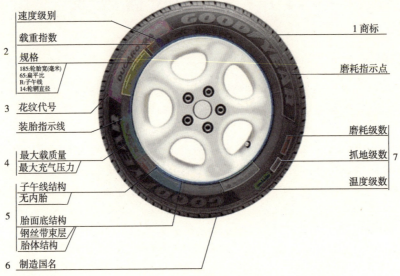

图5-1 轮胎标记示意图

1 商标(厂家)及特性

当前常用的轮胎品牌有：米其林、固特异、倍耐力、普利司通、邓禄普等,轮胎商标如图5-2所示。

a)米其林轮胎　　　　　　b)固特异轮胎

c)倍耐力轮胎　　　　　　d)普利司通轮胎

e)邓禄普轮胎

图5-2 汽车轮胎商标

舒适静音性对比优劣顺序：米其林→邓禄普→普利司通→固特异→倍耐力。
运动能力对比优劣顺序：倍耐力→固特异→邓禄普→普利司通→米其林。
耐磨对比优劣顺序：普利司通→倍耐力→邓禄普→米其林→固特异。
安全系数对比优劣顺序：倍耐力→固特异→邓禄普→普利司通→米其林。

2 轮胎规格、载质量、速度级别参数的解读

国际标准的轮胎规格由六部分组成,"轮胎宽度(mm)+轮胎断面的扁平率(%)+轮胎类型代号+轮辋直径(英寸)+负荷指数+许用车速代号"。轮胎宽度、轮辋直径及扁平率如图 5-3 所示,其中扁平率为轮胎断面度与断面胎宽的百分比。

图 5-3　汽车轮胎结构尺寸示意图

1)轮胎宽度

图 5-4 中"205"表示轮胎断面宽度为 205mm。轮胎断面宽度越大,轮胎与地面的接触面积越大,抓地能力越强,车辆稳定性会相应提高,但油耗会适当增加。

2)轮胎扁平率

图 5-4 中"50"表示轮胎扁平率。扁平率越低的车辆,胎壁越薄,且轮胎承受的压力亦越大,其对路面的反应非常灵敏,从而能够迅速把路面的信号传递给驾驶人,更便于操控,多见于一些以性能操控擅长的车型。扁平率越高,胎壁越厚,虽然拥有充裕的缓冲厚度,但对路面的感觉较差,多见于一些以舒适性擅长的车型。越野车的扁平率一般较高,主要是为了适应恶劣的路况环境。

3)轮胎类型

图 5-4　汽车轮胎规格、载质量、速度级别标记

图 5-4 中"R"表示子午线轮胎,是轮胎类型代号之一。常见的还有,"X"表示高压胎,"—"表示低压胎。轿车一般采用子午线无内胎,俗称"真空胎"。这种轮胎在高速行驶中不易聚热,当尖锐物穿破后漏气缓慢,提高了行驶的安全性。

4)轮胎的内径

图 5-4 中"16"表示轮辋的直径(轮胎的内径)为 16in(英寸)。

5)轮胎的承载质量

图 5-4 中"87"是轮胎的载重指数(负荷指数),表示轮胎所能承受的最大承载质量为 545kg,负荷以代号的形式表示,来表征轮胎承受负荷的能力,数值越大,轮胎所能承受的负荷也越大。负荷指数及对应承载质量见表 5-1。

汽车轮胎负荷指数对照表　　　　　　　　　　　　　表 5-1

负荷指数及对应承载质量列表									
负荷指数	71	72	73	74	75	76	77	78	79	80
承载质量(kg)	345	355	365	375	387	400	412	425	437	450
负荷指数	81	82	83	84	85	86	87	88	89	90
承载质量(kg)	462	475	487	500	515	530	545	560	580	560
负荷指数	91	92	94	95	95	96	97	98	99	100
承载质量(kg)	615	630	650	670	690	710	730	750	775	800

注：本表中的负荷指数仅为一部分。

6) 轮胎的速度等级

图 5-4 所示中"V"表示轮胎的许用车速等级，许用车速为 240km/h，超过许用车速，可能爆胎。速度级别越高，轮胎设计及对材料的要求也就越高。许用车速等级见表 5-2。

汽车轮胎速度等级对照表　　　　　　　　　　　　　表 5-2

许用车速标识对应许用车速										
许用车速标识	N	P	Q	R	S	T	U	H	V	W	Y
对应许用车速(km/h)	140	150	160	170	180	190	200	210	240	270	300

注：(1) S、T、H 为许用车速常见等级，上表为部分许用车速标识；
　　(2) 许用车速标识 Z，表示许用车速为 240km/h 或高于 240km/h。如许用车速 ZR，对应的许用车速要大于 240km/h；
　　(3) 轮胎无速度标识，除非另有说明，一般认为最大安全速度为 120km/h。

3. 轮胎花纹的解读

图 5-1 中固特异轮胎的花纹代号：DUCARO GA（静音专家）代表该轮胎的花纹是双排胎面花纹反对称截距排布。汽车轮胎花纹代号每个厂家都不统一，以下大家认识几种常见的汽车轮胎花纹类型 (表 5-3)。

汽车轮胎类型　　　　　　　　　　　　　表 5-3

轮胎花纹类型	图示	优点	缺点	应用
条形花纹		滚动阻力低，不易侧滑，可以提供良好的操纵稳定性能，良好的高速性能低噪声，提供良好的驾乘舒适感	较差的制动性能和湿地稳定性能，而且在负荷下容易出现开裂现象	这种花纹或者它们的变种和改良型的轮胎目前大部分用于轻型客车和普通轿车以及摩托车
羊角花纹（横向花纹）		胎面花纹按轮胎轴向排列。具有制动力和牵引力大、耐切割性能、耐磨性能好等优点	易侧滑、易发生异常磨损，而且滚动阻力大、噪声高，高速性差等	一般安装于运输车辆的驱动轮位上或者自卸车，工业车辆以及巴士后轮

续上表

轮胎花纹类型	图　　示	优　　点	缺　　点	应　　用
复合花纹		兼备了纵沟和横沟花纹的优点,这种花纹的轮胎胎面中央的条形花纹(纵向花纹)可为轮胎提供良好的操纵性能并能防止侧滑。而胎面肩部的羊角花纹(横向花纹)为轮胎提供良好的牵引性能和制动性能		该种花纹的轮胎目前应用比较广泛,主要装在货车及巴士的前后轮
块状花纹		块状花纹轮胎,花纹沟之间都相互连接,呈独立的花纹块结构。优点是驱动力和制动力强	缺点是耐磨性差,寿命短,行驶摩擦力大,易产生异常磨损	适合用于雪地及泥泞道路上。目前该种类型的轮胎一般用于轿车的全天候及雪地轮胎和商用车的后轮,还有越野车等
不对称花纹		优点:增大了转弯时外侧花纹的着地压力,极大地提高了高速转弯性能,并补足了外侧花纹的耐磨性能	必须注意轮胎的正确安装方向	该种花纹适用于一般轿车子午线轮胎及高速客车全钢丝轮胎和竞技用车等高性能车辆的轮胎
单导向花纹		具有良好的导向性,卓越的制动性能,极佳的排水性能,雨天优秀的稳定性能	轮胎的安装位置必须与行驶方向相同	该类型的花纹用于高速轿车的轮胎

4 最大载质量、最大充气气压

"载重指数"是一个对应于最大载质量的数字(单位:kg),表明了轮胎在正常充气情况下能够承受的最大质量。某些车辆在胎侧标示有以 lb(磅)或 kg 为单位的最大载质量。

最大充气压力:代表这条轮胎所能承受的最大气压,单位是千帕(kPa)和磅力/平方英寸(lbf/in^2)。

图 5-5 中该款汽车轮胎的最大载质量为 475kg(1047lb),最大的充气气压为 300kPa(44lbf/in^2)。

图 5-5 汽车轮胎最大载质量及最大气压标记

5 轮胎结构

STEEL——钢丝,NYLON——尼龙,POLYESTER——纤维。每一条轮胎的胎壁上都标有该轮胎的构造详情。也就是说,这条轮胎的胎冠、胎侧是由几层构成。

图 5-6 中轮胎为钢丝(STEEL BELTED)子午线(RADIAL)无内胎轮胎(TUBELESS),配套标准轮毂宽度为 5J(STANDARD RIM 5J)。

胎冠结构为 PLIES(层级):TREAD(胎冠) 2 STEEL(2 层钢丝)+1 POLYESTER(1 层纤维帘布)+1NYLON(1 层尼龙)。

胎侧结构为 PLIES(层级):SIDEWALL(胎侧)1POLYESTE(1 层级纤维帘布)。

图 5-6 汽车轮胎结构标记

6 制造国名

图 5-7 中该轮胎为中国南京制造。

图 5-7 制造国名

7 安全标准

1) DOT 标准

DOT 指该轮胎符合美国运输部(Department of Transportation)轮胎安全标准,并且核准用于高速公路。DOT 之后的头两个字母指示轮胎的制造商和厂房代码,第三和第四字符标示出轮胎尺寸,第五、第六、第七和第八(选择性的)字符指出轮胎的品牌以及其他重大特性,第九和第十字符标示出轮胎生产的周数,最后一个数字表示轮胎的生产年份。

2) ECE 标准

ECE(Economic Commission for Europe)欧洲经济委员会要求于 1977 年 10 月 1 日起在会员国内生产的所有车辆和两用车辆都必须使用合格轮胎。

3) UTQG 标准

UTQG(Uniform Tire Quality Grade)表示"一致的轮胎质量等级",是美国政府运输部(DOT)国家公路交通安全管理局(NHTSA)规范。其由三个等级所构成,根据美国政府法规所规定的条件下进行测试。这三种等级分别为:

耐磨指数:代表胎纹寿命相对于标准等级 100 轮胎的差异。胎纹磨耗等级范围通常从 60~500,每次递增 20 点。但其实任何轮胎的实际寿命是由路面质量、驾驶习惯、充气压力、车况以及轮胎储存与经历的情况而决定。

循迹等级:是要测量指定轮胎把在湿滑的测试路面上直线前行的车辆停止下来的能力,但并不测量直线加速能力。循迹等级测试只会在特定湿滑程度(模拟雨天中大多数路面)的混凝土或沥青路面上进行直线前进滑动,从这些测试获得的等级并不能代表干地循迹性、弯道循迹性或排水性。循迹等级分为 A、B、C 三级,A 为最高等级。

耐温等级:分为三个等级,A 为最高级。耐温等级代表在控制的室内测试条件下,轮胎能正确维持散热的能力。温度等级测试是在指定条件下,高速运转承载的轮胎,从 75mile 开始以递增 5mile 的间隔连续运转 30min,持续到轮胎破裂为止。若轮胎符合 DOT 要求的最低效能则归类为"C"级,"B"和"A"级代表比 DOT 的最低要求还要高的性能等级。

二 汽车轮胎选配升级

1 轮胎的升级类型

1) 品质的升级

使用与原厂配套轮胎相同规格的轮胎,但是换用等级更高的轮胎,例如使用速度级别更高的轮胎,或者使用帘布层级更高的轮胎。通过品质的升级,可以获得更美观的胎面花纹,更好的排水性能,更小的滚动噪声,以及更好的行驶稳定性等(图 5-8)。

图 5-9 中将锋范 1.8AT 原来 185/55/R16 的轮胎升级成了 205/50/R16 的轮胎,轮毂 16in。轮胎性能特点:米其林轮胎舒适性不错,但轮胎太软,不耐磨;普利斯通的轮胎硬度适合中国的道路,比较耐磨。根据品牌特点,选择了普利斯通 205/ER80 静音胎,胎噪比原来的轮胎好很多,另外 205/50/16 的轮胎属于扁平胎,比原来的轮胎颠簸的程度小,舒适性有提高。

2) 规格的升级

在车身底盘结构允许的范围内,将轮胎进行规格上的升级,也就是将轮胎直径加大,或者将轮胎胎面加宽。目的除了提高轮胎的行驶稳定性之外,换胎后的车辆外观更加时尚,而且轮胎通常在进行规格升级的同时,也完成了品质的升级。但轮胎规格的升级一般要伴随着轮辋的升级,如图5-9所示。

图5-8 汽车轮胎品质升级

图5-9 汽车轮胎规格升级

图5-10中该款东风本田思域的轮胎由原来的205/55R16规格的轮胎升级为225/45R17规格的轮胎。升级后,轮毂外观大气、漂亮,更具有运动感;轮胎规格的宽度增加,扁平率降低,提高了车辆的抓地性能,提高了制动性能。

2 轮胎升级的有关因素

(1)首先要明确轮胎升级的目的,通过升级轮胎达到提高轮胎品质,还是提高外观的时尚性,这是选择轮胎升级方式的决定因素。

(2)要考虑车辆的主要用途。普通家用轿车,要考虑轮胎的耐磨性;运动型轿车要考虑胎面花纹,另外还要考虑地区气候(图5-10)。

图5-10 湿地轮胎使用

(3)认识到轮胎升级可能带来的问题。胎面宽度越大的轮胎,车辆的行驶稳定性越好;与地面之间的摩擦力更大,油耗越多;转向时沉重感会增加。轮胎的高宽比降低以后,轮胎的胎侧就会变薄,舒适性就有一定的损失,而且轮胎制造难度大。因此适当的轮胎升级应该是在各项性能都得到提升的同时,将轮胎升级带来的一些负面作用降到最低。

(4)更换的车轮直径与原厂车轮直径差不超过3%。

(5)轮毂轮胎宽度必须匹配,一般15in的改装轮毂宽度多为5.5J~6.0J,16in的改装轮毂宽度多为6.5J~7.0J,17in的改装轮毂宽度多为7J~7.5J,下面是轮毂轮胎宽度匹配尺寸:5.5J轮毂(适合轮胎宽度175/185/195)、6.0J轮毂(适合轮胎宽度185/195/205)、6.5J轮毂(适合轮胎宽度195/205/215)、7.0J轮毂(适合轮胎宽度205/215/225)。

3 轮胎升级的尺寸计算

升级后的轮胎直径与原车轮胎直径的差比必须控制在3%以内。以规格为185/60R14的轮胎为例,轮辋直径14in(355.6mm),胎侧高度185×0.6mm=111mm。因为轮辋上下各有一个胎侧高度,所以胎侧总高度为111×2mm=222mm,轮胎直径为355.6mm+222mm=577.6 mm。

三 汽车轮胎换装

1 拆卸车轮

如图5-11所示,拆卸车轮先用套筒扳手将该轮胎固定螺栓对角拧松之后,再用千斤顶把车辆局部举升起来。使用千斤顶时要注意:车底前后两侧均有放置千斤顶的卡槽,一定要将千斤顶放在相应卡槽内,避免发生意外。千斤顶支起后,将拧松的螺栓对角线方向依次拧下后,便可以把车轮整体拿下。禁止使用气动扳手,对螺母和螺栓均会产生损伤。

图5-11 拆卸车轮

2 拆装轮胎

如图5-12所示,在轮胎拆装机上先放尽胎气,去掉轮胎上的平衡块,用胎唇拆卸器将原车轮胎与轮毂分离(两边都要操作,将轮胎与轮毂分离),接着锁紧轮毂,用垂直立杆将轮胎拆出,然后给胎唇涂上润滑膏或肥皂水,将轮胎套上轮辋,用垂直立杆装入轮胎(两边一样操作)。

图5-12 拆装轮胎

3 轮胎充气

如图5-13所示,从轮盘上松下轮胎,将充气管接头与轮胎气门相连,在给轮胎充气时,应慢慢压充气枪几次,确定轮胎气压不超过厂家给出的轮胎气压范围。充气时,操作人员注意安全。

4 车轮动平衡

如图5-14所示,新轮胎充足气后,必须给轮胎做动平衡试验,以避免车轮高速运动时产生动不平衡,造成方向抖动、轮胎过度磨损等现象。

图5-13 充氮气　　　　图5-14 轮胎充气与动平衡

5 安装车轮
按照规定力矩的要求,拧紧车轮螺栓(图5-15)。

图5-15 车轮安装

图5-16 四轮定位

6 四轮定位
四轮定位包括前轮定位和后轮定位两部分,前轮定位包括主销后倾角、主销内倾角、前轮外倾角和前轮前束四项内容,后轮定位主要包括车轮外倾角和后轮前束两项内容。车轮定位的作用是使汽车保持稳定的直线行驶和转向轻便,并减少汽车在行驶中轮胎和转向零件的磨损(图5-16)。

经过以上六个步骤,轮胎升级基本完成。

 做一做

如图5-17所示,写出汽车轮胎标记的含义。

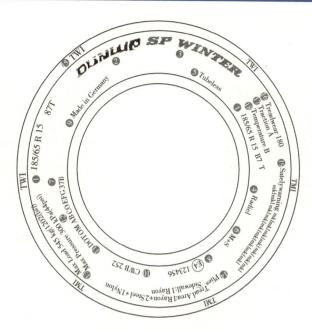

图 5-17 汽车轮胎标记图

标记 1 代表：   ；
标记 2 代表：   ；标记 3 代表：   ；
标记 4 代表：   ；标记 5 代表：   ；
标记 6 代表：   ；标记 7 代表：   ；
标记 8 代表：   ；标记 9 代表：   ；
标记 10 代表：   ；标记 11 代表：   ；
标记 12 代表：   ；标记 13 代表：   ；
标记 14 代表：   ；标记 15 代表：   ；
标记 16 代表：   ；标记 17 代表：   ；
标记 18 代表：   ；标记 19 代表：   ；

课题二　汽车制动系统改装

想一想

你平时见到的汽车制动系统改装是怎样的？你能辨别汽车制动系统改装几个大的品牌吗？你知道改装的配件用什么材料吗？

一　汽车制动系统改装的基本知识

1　品牌

品牌：Brembo（图 5-18）产地：意大利 BREMBO 出品的制动系统有一个很大的特点，就是较为渐进的制动反应。

品牌：NEX（图5-19）产地：美国 NEX Performance Brake system 是美国底盘改装的领导品牌，其总公司坐落于美国加州旧金山湾区（Bay Area），旗下的制动强化套件含4/6/8活塞制动套件，制作工艺精良。

图5-18 Brembo 商标

图5-19 NEX 商标

品牌：AP Racing（图5-20）产地：英国 AP Racing 成立于20年前，AP 制动系统已是当今最知名的改装制动品生产商之一。AP 生产的多活塞卡钳、碟盘，甚至整组制动系统，稳定且品质优异。

品牌：Alcon（图5-21）产地：英国 Alcon 为一家专业生产制动系统和离合器的英国公司。于1984年由 John Moore 成立，总部设于英国中部城市斯塔福德（STAFFORDSHIRE）。凭借 ALCON 工程师多年来对产品研发的努力及超卓的产品性能，使其生产的制动系统及离合器产品于过去20多年备受各世界顶尖车队认可及选用。

图5-20 AP 商标

图5-21 Alcon 商标

品牌：TTS（图5-22）产地：台湾，改装市场上，除了 Brembo、AP Racing 等国际知名制动品牌以外，来自台湾的 TT-Sport 是后起之秀。台湾 TT-Sport 制动钳现时主要拥有 TTS-120、TTS-140、TTS-160、TTS-240 四个系列制动钳，采用锻造工艺制作而成的制动钳在质量上比原厂铸造制动钳更轻，同时大尺寸、多活塞也是提高制动性能的重要保证。

2 制动系统改装套件的解读

盘式制动系统组件，分别是制动盘、制动钳、制动摩擦块、制动油管四个部分。当制动时候，踏下制动踏板，踏板就会推动车体内的制动主缸内的活塞产生压力，压力推动制动液通过制动油管进入制动钳推动制动钳内的活塞挤压制动摩擦块，制动摩擦块又挤压制动盘提供强大的摩擦力,逐渐将车停住。虽然盘式制动只分为制动盘、制动钳、制动摩擦块、制动油管这四个部分。但每个部分都有着不同的种类,性能指标也有不同。

1)制动盘

观察盘式制动,首先看到的是制动盘了(图5-23),那么制动盘衡量标准又有哪些呢?

制动盘有实心盘与通风盘之分,如图5-24和图5-25所示。

图5-22　TTS商标

图5-23　制动盘

实心盘是一块用于制动的金属盘,并无特殊构造。通风盘分为两种形式,分别是划线与打孔,多见于改装部件,这两种处理方式的作用都是提高制动盘的冷却性能,降低其热衰减程度,提供更好的制动能力。豪华轿车、高性能车均采用前后通风盘式制动。

图5-24　实心盘　　　　　　　图5-25　通风盘

制动盘的尺寸大小也是衡量制动盘制动效果的重要标准,选用大尺寸制动盘,由于制动盘的直径更大,制动力臂会相应增长,制动力矩也会更大,所以车辆的制动距离也会相应缩短。

现代汽车一般使用金属材料制动盘(图5-26),但随着近年来材料技术的发展,更先进的碳纤维陶瓷材料被应用在制动盘上(图5-27),具有优异的抗热衰减特性,但价格高昂。

2)制动钳

对于运动型车来说,除了超大尺寸的轮辋,扁平的跑胎,显现于轮辋辐条当中的彩色制动钳也是彰显其性能的标志,代表的是高性能背后强大的制动力(图5-28)。

图 5-26　金属材料制动盘　　　　图 5-27　碳纤维制动盘

现代家用车上一般采用是单制动活塞和双制动活塞,而 4 制动活塞、6 制动活塞甚至 8 制动活塞、10 制动活塞、12 制动活塞基本都属于改装件的范畴了(图 5-29)。制动活塞数越多,制动力越强。

一般的轿车上多用钢材质铸造技术,而高性能车使用的是铝合金等材质锻造技术,甚至有锻造后使用切削方式成形。

图 5-29 所示为多活塞制动钳的产品。这样处理能消除金属在冶炼过程中产生的铸态疏松等缺陷,力学性能更强。

图 5-28　制动钳　　　　　　　　图 5-29　活塞制动钳

3)制动摩擦块

制动摩擦块(图 5-30)体积不大,却是整个制动系统当中至关重要的部件之一。

制动摩擦块和制动盘一样可分为金属材质和碳纤维陶瓷材质两种。

半金属型制动摩擦块是用粗糙的钢丝绒作为加固纤维,有较细的纤维和微粒。优点是:成本最低,散热好,耐高温;缺点是制动力要求大,制动力度比较大时效果更佳;制动盘磨损较快,噪声大,热传导会把热量传给复位弹簧导致寿命缩短。低金属型制动摩擦块中金属含量更低,寿命短,噪声小,摩擦块成本低,目前被大量使用。

4)制动油管

制动油管,如图 5-31 所示,分为橡胶制动油管和金属制动油管两种。金属制动油管耐热性好,可形变的范围比橡胶制动油管小,可提供较大的制动力。

项目五 汽车底盘改装

图5-30 制动摩擦块

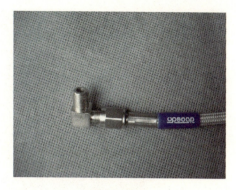

图5-31 制动钢喉

二 选配改装制动系统套件

1 制动摩擦块升级

高性能的制动摩擦块是提高制动力最直接、有效、简单的方法。目前高性能的制动摩擦块大多采用碳纤维、陶瓷和金属材质为主要原料,并强调不含石棉的环保配方。选择高性能制动摩擦块时要注意摩擦系数和超高温,一般建议选购工作温度在0~500℃、摩擦系数值在0.4以上的"运动型"制动摩擦块,它的适用性较广。

汽车制动摩擦块升级除了采用高性能材料的制动摩擦块升级外,还可以通过加大制动摩擦块的尺寸来升级制动性能、或者是在采用高性能材料的基础上加大制动摩擦块的尺寸来升级制动性能(图5-32)。

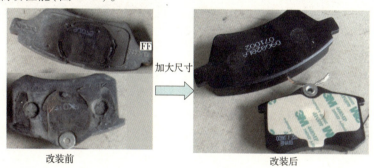

改装前　　　　　　　　　　改装后

图5-32 制动摩擦块升级

2 制动盘升级

制动盘直径越大效果就越好。改装用的制动盘基本分为两大类,分别为原装直径制动盘及加大直径的制动盘。直径和厚度通常都与原厂一样的制动盘,一般会采用"钻孔"、"刮坑"或"钻孔兼刮坑"三类设计,如图5-33所示。其中钻孔的优点是散热效能较高,但表面较容易出现不平均的磨损,而且钻孔会增加制动盘的脆弱点,表面容易出现龟裂,缩减使用寿命。刮坑盘能有效增加制动摩擦块与制动盘之间的摩擦力,但散热能力不及钻孔盘。钻孔兼刮坑盘则同时拥有钻孔和刮坑盘的优点。改用直径较大的制动盘,轮辋也要换成较大直径轮辋。如图5-34所示,速腾改装AP Racing 5200制动效果图。

图 5-33　制动盘设计

图 5-34　制动盘升级效果图

③ 制动钳升级

换一套大型多活塞的制动钳能直接提高制动性能，但换用多活塞的制动钳后要达到相同的制动压力就可能需要更大的制动踏板行程，因此改善制动的较佳方法是更换制动主缸，甚至是配用赛车式的双制动主缸来分别控制前后制动的分配，以达到最理想效果。选择制动钳要讲求匹配，一般高性能街车采用 4 活塞制动钳。轻金属制造的高档制动钳（如 AP Racing，Brembo 等）质量比铸铁的产品轻一倍以上（图 5-35），但制动系统是非承载部件（unspring weight），负荷质量的大小对车的操控有直接的影响。

④ 制动主缸更换

大流量的制动主缸要与大尺寸的制动钳、制动盘相匹配。

⑤ 制动油管升级

金属制动油管耐热性好，不易破损和不易产生变形，可提供稳定的制动力，是替代可形变的范围比橡胶制制动油管小，可提供较大的制动力，是替代橡胶制动油管的较佳选择（图 5-36）。

⑥ 制动液更换

制动系统的改装最基本的就是换上高性能的制动液。当制动液因为高温而劣化或是吸收了空气中的湿气，都会造成制动液的沸点降低。沸腾的制动液会使制动踏板踩空，这种情况在剧烈频繁连续的使用制动时会突然的发生。因此对一般道路用车来说制动液应该每一年至少更换一次,对赛车来说则要每一次比赛后更换。现在常见的制动液的最高标准是 DOT 5,符合这一标准的制动液沸点为 260℃,当制动钳活塞的温度高于此沸点时,会使部分制动液汽化。非上赛道的车辆,DOT4 以上的制动液应可满足大部分车迷的要求(图 5-37)。

图 5-35　制动钳质量

图 5-36　制动油管升级

三　改装升级制动系统

(1)用汽车维修真空抽油机将制动液从放油口中吸出。

(2)拆下车轮。

(3)松开制动钳轴销螺栓后,从下向上摆动制动钳,并将其拆下,取下制动摩擦块,拆掉制动油管和螺栓,堵住制动油管(图 5-38)。

(4)松开制动器支架固定螺栓,取下制动器支架(图 5-38)。

(5)松开制动盘螺栓取下原车制动盘(图 5-38)。

图 5-37　制动液

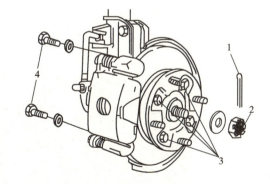
图 5-38　松开制动盘螺栓
1-开口销;2-槽螺母;3-制动盘螺栓;4-制动钳螺栓

(6)用钢刷、铜刷、铲刀或细砂纸清洁防尘罩等元件表面,用光碟机打磨轮毂与制动盘安装面,去除锈迹(图 5-39)。

(7)对新的制动盘用专用清洗剂,清洁制动盘表面防锈油(图 5-40)。

图5-39　去除制动盘锈迹　　　　　　　　　图5-40　清洁制动盘

（8）用扭力扳手按规定力矩拧紧升级后的制动盘固定螺母（图5-41）。

（9）用百分表测量制动盘平面跳动量（图5-42）。要求测量的最大值与最小值相差不大于0.06mm。

（10）安装制动钳支架。如果支架固定螺栓安装孔尺寸不匹配，还要自制过渡支架。盘式制动器制动间隙是自动调整的，无须人为调整。正常制动间隙为0.8～1.0mm。

在使用过程中，出现左右制动力差值偏大、制动力不足或制动过热等故障现象时，可按如下步骤检查制动间隙：

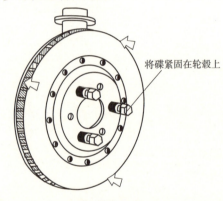
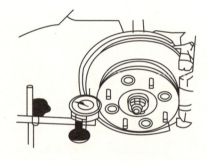

图5-41　安装制动盘　　　　　　　　　图5-42　检测制动盘平面跳动量

①拆下压板（如塞尺插入方便可不拆压板），向箭头所指方向推动钳体，使外侧制动块与制动盘紧密接合（图5-43）。

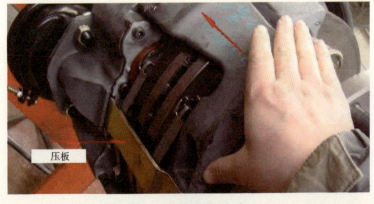

图5-43　调整制动盘间隙

②拨动内侧制动块使其靠近制动盘,测量间隙活塞总成整体推盘与制动块背板之间的间隙(图5-44)。

图5-44　调整制动盘间隙

③整体推盘与制动块背板之间的间隙应在0.8~1mm,如小于0.8mm,应更换间隙自动调整机构(图5-45)。

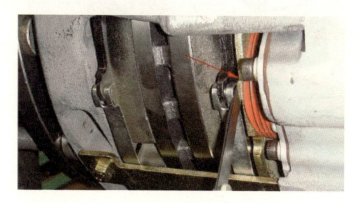

图5-45　测量制动盘间隙

(11)安装好车轮。

做一做

(1)汽车改装制动系统套件选择哪个品牌？产地哪里？有什么特性(表5-4)？

汽车改装制动系统品牌选择　　　　　　　　　表5-4

品牌	产地	特性	品牌	产地	特性

(2)汽车制动系统的组件及作用(表5-5)？

汽车制动系统的组件及作用　　　　　　　　　　　　　表 5-5

组　件	作　用

（3）本次实训任务是为 2009 款 2.4L 奥德赛（图 5-46）改装制动系统选配改装件，客户给出的价格是 2 万元人民币。请各位读者将你所选的改装件写在表 5-6 内。

图 5-46　奥德赛

奥德赛改装制装系统选配改装件　　　　　　　　　　　表 5-6

系统	项目	品牌/材质	选择项	尺寸	品牌/材质	品牌	尺寸
制动系统升级	制动盘	Brembo			制动主缸		
		NEX					
		AP Racing					
		Alcon					
		TTS					
	制动摩擦块	石棉			制动钢喉		
		金属					
		陶瓷					
		碳纤维					
	制动钳	Brembo		2 活塞	制动液		
		NEX		4 活塞			
		AP Racing		6 活塞			
		Alcon		8 活塞			
		TTS		选活塞数			

课题三　汽车悬架系统改装

想一想

你平时见到的汽车悬架系统改装是怎样的？你知道汽车悬架系统改装常见的配件有哪些吗？汽车悬架系统改装后对汽车的操控性能与舒适性有什么影响？

一　汽车悬架系统改装的基本知识

1 弹簧与减振

悬架系统的改装，一般而言主要是针对弹性元件而进行的，也就是我们称为的"减振器"，它包括弹簧以及减振机本体的改装。

1）短弹簧

改装短弹簧目的在于降低车身高度，并且以较高的弹簧硬度，提高车身的抗侧倾能力（图5-47），但缺点是只更换弹簧有可能导致弹簧与减振机的工作不协调，影响乘坐质感之余，也会加速减振器的老化。

2）减振机

弹簧最主要的功用是用来消除车辆在行经不平路面时对车辆所造成的冲击和振动，通过弹簧的变形将冲击和振动的能量转换成弹簧的势能。然而弹簧不会把能量储存起来，必然会反弹和恢复原来的形状来释放能量。这时就需要减振器（图5-48）来抑制弹簧吸振后反弹时的振荡。

图5-47　长短弹簧对比

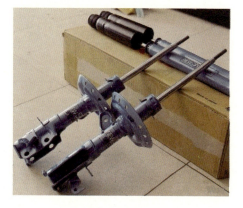

图5-48　减振机

3）减振器

减振器由弹簧和减振机组成，市场上常见的减振器有运动套装减振器、咬牙减振器和气压减振器，如图5-49～图5-51所示。

2 横拉杆

在前后悬架的支柱顶部（俗称"塔顶"）加装横拉杆（俗称"塔顶巴"）（图5-52、

图5-53),把左右塔顶用硬杆连接起来,可以加强车身刚度,避免车身两边因质量转移改变了受力点而扭曲,继而影响车轮前束、车轮倾角等的动态几何。横拉杆让悬架系统的运动轨迹保持设计的初衷,从而在急转弯时把系统的动态几何控制在较理想的范围内,而且加装前横拉杆可使汽车的转向更灵敏和直接。但由于车身刚度的加强,转弯时质量转移会加剧(原本较软的车身会抵消一部分力),若横拉杆是加在前轴,那么前轮的质量转移较多,令前轴的车轮先于后轴到达极限,出现转向不足。同一道理如加在后轴就偏向于转向过度,可见横拉杆亦有类似于防倾杆的作用。

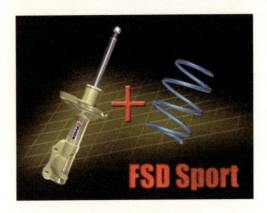

图5-49 运动套装减振器

图5-50 咬牙减振器

3 悬架轴承衬垫

车辆悬架系统的所有关节都采用橡胶材料的衬垫(bush),缺点是软衬垫令车辆的操控不够敏锐和直接,而且刚度不够会令激烈驾驶时悬架系统产生过量的动态几何变化,影响车辆的操控性。另外经常高速行车所产生的热力也会令橡胶材料的衬垫寿命缩短,要经常更换。如果改装悬架时可以换上硬度较大、耐热较好、用聚氨酯(polyurethane)等物料制造的衬垫,可大大改善上面提到的问题。在专业赛车上,会把关节改成金属制造的球状轴承(spherical joints,俗称"波子")。球状轴承噪声大,不能缓冲来自各个方向的冲击,舒适性差,要求车架牢固,需要经常润滑和维护,不适用于普通乘用车辆。

图5-51 气压减振器

4 防倾杆

大部分的高性能房车都配上了防倾杆(也称稳定杆),如图5-54和图5-55所示。防倾杆的基本设计是用一条U形的金属杆把两侧悬架连起来,作用是当车子倾侧时,即外侧的悬架被压缩,内侧悬架被拉长时发挥一个抗扭作用,分别减低外侧和内侧悬架的压缩及拉长幅度,减少汽车的倾侧度。

项目五 汽车底盘改装

图 5-52 后横拉杆	图 5-53 前横拉杆

图 5-54 前桥防倾杆	图 5-55 后桥防倾杆

 汽车悬架系统改装及测评

改装汽车悬架系统工作过程见表 5-7。

改装汽车悬架系统工作过程　　　　　　　　　　表 5-7

操 作 步 骤	图　片
步骤一　准备工作	工具；注意事项
步骤二　拔下轮速传感器线并将线固定在不影响减振器拆卸的地方	
步骤三　减振器总成及减振弹簧的拆卸（以左侧为例） 第 1 步　使用 17 号扭力扳手或随车扳手卸下轮胎紧固螺母，卸下轮胎（图示以右侧为例） 力矩：(110±10·5)N·m	

107

续上表

操作步骤	图　片
第2步　拔下轮速传感器线并将线固定在不影响减振器拆卸的地方	
第3步　使用13号扳手拆下减振器与稳定杆连接的螺栓。力矩：(50±5)N·m	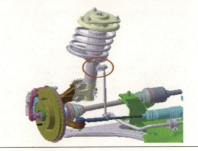
第4步　使用18号套筒扳手拆下减振器总成与转向节的两颗连接螺栓 力矩：(110±10)N·m	
第5步　使用13号扳手拆下减振器与车身壳体连接的三个螺母，取下减振器 力矩：(50±5)N·m	
控制臂总成的拆卸(以左边为例) 第1步　使用19号梅花扳手拆下左控制臂球头与左转向节总成连接的螺母 力矩：(120±10)N·m 按拆卸相反的方向安装，注意安装力矩	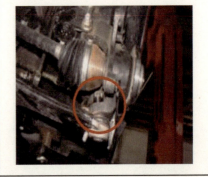

续上表

操作步骤	图　片
第2步　使用15号、18号扳手拆下副车架与控制臂连接的两个螺栓和螺母,然后取下左控制臂总成 力矩:(120±10)N·m	
前桥总成的拆卸 第1步　使用13号扳手拆下排气管上的两个螺母 力矩:(25±2)N·m	
第2步　拔下该处排气管橡胶连接件	
第3步　使用13号套筒扳手拆下前消声器与后消声器连接螺栓,然后断开该处的连接 力矩:(25±3)N·m	
第4步　使用10号套筒扳手拆下波纹管与三元催化转换器处的两个螺栓,然后抬下排气管 力矩:(13±1)N·m	

续上表

操作步骤	图　片
第5步　使用8号扳手拆下车速传感器固定螺栓,左右各一个 力矩:(10±1)N·m	
第6步　取下车速传感器(左右各一个)	
第7步　把固定在减振器上的车速传感器线拔下,左右各一个	
第8步　使用17号扳手拆下横拉杆球头螺母,左右各一个 力矩:(35±3)N·m	
第9步　使用19号扳手拆下转向节与控制臂球头连接的螺母,左右各一个 力矩:(120±10)N·m	

续上表

操作步骤	图 片
第10步 使用18号套筒扳手拆下发动机后悬置与副车架连接螺栓和螺母 力矩:(110±10)N·m	
第11步 使用19号套筒扳手和力矩扳手拆下转向器与副车架连接的螺栓,左右各一个 力矩:(100±10)N·m	
第12步 使用15号扳手拆下车身与副车架连接的螺栓 力矩:(120±10)N·m	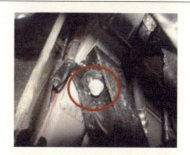
第13步 使用15号扳手拆下车身与副车架连接的螺栓,左右各一个,然后取下前桥 力矩:(120±10)N·m	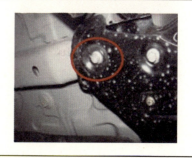

做一做

本次实训任务是为2009款2.4L奥德赛(图5-56)改装悬架系统,客户要求改装部件价格在2万元人民币。请你查阅资料后将选择的改装件填写在表5-8内,并初步对改装后的车辆性能做出评估。

图 5-56 奥德赛

奥德赛改装悬架系统选配改装件　　　　　　　　　表 5-8

项目	品牌/材质	价格	尺寸	项目	品牌/材质	价格	尺寸
减振器				前横拉杆			
前防倾杆				后横拉杆			
后防倾杆				悬架衬垫			注明每个衬垫的名称和数目
前后防倾杆吊耳							

参 考 文 献

[1] 覃维献. 汽车美容与装饰[M]. 北京：人民邮电出版社，2012.
[2] 姚时俊. 私家车改装发烧友[M]. 北京：人民交通出版社，2010.
[3] 张富信. 汽车音响改装[M]. 北京：中国劳动社会保障出版社，2008.